Bibliothek der Mediengestaltung

T0343458

Konzeption, Gestaltung, Technik und Produktion von Digital- und Printmedien sind die zentralen Themen der Bibliothek der Mediengestaltung, einer Weiterentwicklung des Standardwerks Kompendium der Mediengestaltung, das in seiner 6. Auflage auf mehr als 2.700 Seiten angewachsen ist. Um den Stoff, der die Rahmenpläne und Studienordnungen sowie die Prüfungsanforderungen der Ausbildungs- und Studiengänge berücksichtigt, in handlichem Format vorzulegen, haben die Autoren die Themen der Mediengestaltung in Anlehnung an das Kompendium der Mediengestaltung neu aufgeteilt und thematisch gezielt aufbereitet. Die kompakten Bände der Reihe ermöglichen damit den schnellen Zugriff auf die Teilgebiete der Mediengestaltung.

Weitere Bände in der Reihe: http://www.springer.com/series/15546

Peter Bühler
Patrick Schlaich
Dominik Sinner

Digitales Bild

Bildgestaltung – Bildbearbeitung – Bildtechnik

Peter Bühler
Affalterbach, Deutschland

Dominik Sinner
Konstanz-Dettingen, Deutschland

Patrick Schlaich
Kippenheim, Deutschland

ISSN 2520-1050   ISSN 2520-1069 (electronic)
Bibliothek der Mediengestaltung
ISBN 978-3-662-53892-0   ISBN 978-3-662-53893-7 (eBook)
DOI 10.1007/978-3-662-53893-7

Die Deutsche Nationalbibliothek verzeichnet diese Publikation in der Deutschen Nationalbibliografie; detaillierte bibliografische Daten sind im Internet über http://dnb.d-nb.de abrufbar.

Springer Vieweg
© Springer-Verlag GmbH Deutschland 2017
Das Werk einschließlich aller seiner Teile ist urheberrechtlich geschützt. Jede Verwertung, die nicht ausdrücklich vom Urheberrechtsgesetz zugelassen ist, bedarf der vorherigen Zustimmung des Verlags. Das gilt insbesondere für Vervielfältigungen, Bearbeitungen, Übersetzungen, Mikroverfilmungen und die Einspeicherung und Verarbeitung in elektronischen Systemen.
Die Wiedergabe von Gebrauchsnamen, Handelsnamen, Warenbezeichnungen usw. in diesem Werk berechtigt auch ohne besondere Kennzeichnung nicht zu der Annahme, dass solche Namen im Sinne der Warenzeichen- und Marken-schutz-Gesetzgebung als frei zu betrachten wären und daher von jedermann benutzt werden dürften.
Der Verlag, die Autoren und die Herausgeber gehen davon aus, dass die Angaben und Informationen in diesem Werk zum Zeitpunkt der Veröffentlichung vollständig und korrekt sind. Weder der Verlag noch die Autoren oder die Heraus-geber übernehmen, ausdrücklich oder implizit, Gewähr für den Inhalt des Werkes, etwaige Fehler oder Äußerungen. Der Verlag bleibt im Hinblick auf geografische Zuordnungen und Gebietsbezeichnungen in veröffentlichten Karten und Institutionsadressen neutral.
Gedruckt auf säurefreiem und chlorfrei gebleichtem Papier

Springer Vieweg ist Teil von Springer Nature
Die eingetragene Gesellschaft ist Springer-Verlag GmbH Deutschland
Die Anschrift der Gesellschaft ist: Heidelberger Platz 3, 14197 Berlin, Germany

The Next Level – aus dem Kompendium der Mediengestaltung wird die Bibliothek der Mediengestaltung.

Im Jahr 2000 ist das „Kompendium der Mediengestaltung" in der ersten Auflage erschienen. Im Laufe der Jahre stieg die Seitenzahl von anfänglich 900 auf 2700 Seiten an, so dass aus dem zunächst einbändigen Werk in der 6. Auflage vier Bände wurden. Diese Aufteilung wurde von Ihnen, liebe Leserinnen und Leser, sehr begrüßt, denn schmale Bände bieten eine Reihe von Vorteilen. Sie sind erstens leicht und kompakt und können damit viel besser in der Schule oder Hochschule eingesetzt werden. Zweitens wird durch die Aufteilung auf mehrere Bände die Aktualisierung eines Themas wesentlich einfacher, weil nicht immer das Gesamtwerk überarbeitet werden muss. Auf Veränderungen in der Medienbranche können wir somit schneller und flexibler reagieren. Und drittens lassen sich die schmalen Bände günstiger produzieren, so dass alle, die das Gesamtwerk nicht benötigen, auch einzelne Themenbände erwerben können. Deshalb haben wir das Kompendium modularisiert und in eine Bibliothek der Mediengestaltung mit 26 Bänden aufgeteilt. So entstehen schlanke Bände, die direkt im Unterricht eingesetzt oder zum Selbststudium genutzt werden können.

Bei der Auswahl und Aufteilung der Themen haben wir uns – wie beim Kompendium auch – an den Rahmenplänen, Studienordnungen und Prüfungsanforderungen der Ausbildungs- und Studiengänge der Mediengestaltung orientiert. Eine Übersicht über die 26 Bände der Bibliothek der Mediengestaltung finden Sie auf der rechten Seite. Wie Sie sehen, ist jedem Band eine Leitfarbe zugeordnet, so dass Sie bereits am Umschlag erkennen, welchen Band Sie in der Hand halten. Die Bibliothek der Mediengestaltung richtet sich an alle, die eine Ausbildung oder ein Studium im Bereich der Digital- und Printmedien absolvieren oder die bereits in dieser Branche tätig sind und sich fortbilden möchten. Weiterhin richtet sich die Bibliothek der Mediengestaltung auch an alle, die sich in ihrer Freizeit mit der professionellen Gestaltung und Produktion digitaler oder gedruckter Medien beschäftigen. Zur Vertiefung oder Prüfungsvorbereitung enthält jeder Band zahlreiche Übungsaufgaben mit ausführlichen Lösungen. Zur gezielten Suche finden Sie im Anhang ein Stichwortverzeichnis.

Ein herzliches Dankeschön geht an Herrn Engesser und sein Team des Verlags Springer Vieweg für die Unterstützung und Begleitung dieses großen Projekts. Wir bedanken uns bei unserem Kollegen Joachim Böhringer, der nun im wohlverdienten Ruhestand ist, für die vielen Jahre der tollen Zusammenarbeit. Ein großes Dankeschön gebührt aber auch Ihnen, unseren Leserinnen und Lesern, die uns in den vergangenen fünfzehn Jahren immer wieder auf Fehler hingewiesen und Tipps zur weiteren Verbesserung des Kompendiums gegeben haben.

Wir sind uns sicher, dass die Bibliothek der Mediengestaltung eine zeitgemäße Fortsetzung des Kompendiums darstellt. Ihnen, unseren Leserinnen und Lesern, wünschen wir ein gutes Gelingen Ihrer Ausbildung, Ihrer Weiterbildung oder Ihres Studiums der Mediengestaltung und nicht zuletzt viel Spaß bei der Lektüre.

Heidelberg, im Frühjahr 2017
Peter Bühler
Patrick Schlaich
Dominik Sinner

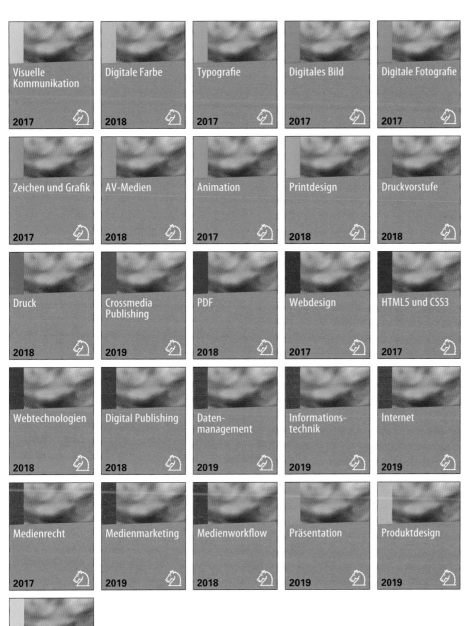

1 Bildgestaltung 2

2 Bildtechnik 16

5 Anhang

1.1 Motiv

Ein Bild sagt mehr als 1000 Worte! Wer kennt diesen Satz nicht. Und was sagen Ihnen diese Bilder?

Fotografische Bilder sind Abbilder der Welt. Sie zeigen nicht die Realität der Welt, sondern die Realität des Ausschnitts, den der Fotograf zu einem bestimmten Zeitpunkt aufgenommen hat. Wie wir im Band *Visuelle Kommunikation* gezeigt haben, wird die Welt vom Betrachter nicht nur gesehen, sondern mit allen Sinnen und Stimmungen wahrgenommen. In einem Bild wird das Motiv aus seiner Umgebung genommen und in die Umgebung und den inhaltlichen Kontext eines Print- oder Digitalmediums versetzt.

Sie komponieren als Fotograf und Mediengestalter das Bild. Wie immer in der Gestaltung erfüllen dabei alle abgebildeten Elemente nur einen Zweck, nämlich die Bildaussage, Ihre Botschaft, zu visualisieren und sie durch die Sprache des Bildes dem Betrachter zu kommunizieren.

1.2 Bildformat

1.2.1 Formatlage

Querformat und Hochformat werden in der Medienproduktion häufig mit den Begriffen *Landscape* (engl. Landschaft) und *Portrait* (engl. Porträt) bezeichnet. Tatsächlich werden diese Formatlagen oft für diese Motive verwendet. Das sind aber natürlich keine absoluten Regeln. Gerade die bewusste Abweichung vom Gewohnten oder extreme Seitenverhältnisse eröffnen interessante gestalterische Möglichkeiten.

Das Quadrat als Bildformat lässt sich nur durch Softwareeinstellung bei der Aufnahme oder durch Beschnitt der Bilddatei in der Bildbearbeitung erreichen.

1.2.2 Aufnahmeformat

Das Bildformat in der Fotografie wird durch das Aufnahmeformat der Kamera vorgegeben. Spiegelreflexkameras, Bridge-, Kompakt- und Systemkameras und natürlich Smartphones und Tablets haben alle unterschiedliche Aufnahmeformate. Das Seitenverhältnis von Breite zu Höhe von 2:3 und der Filmgröße von 24 mm x 36 mm entspricht dem klassischen Aufnahmeformat einer analogen Kleinbildkamera. Digitalkameras mit diesem Aufnahmeformat sind sogenannte Vollformatkameras.

1.2.3 Ausgabeformat

Das Seitenverhältnis, die Formatlage und die Bildgröße Ihrer Bilder in Print- und Digitalmedien sind meist durch gestalterische Vorgaben wie Layout und Gestaltungsraster bestimmt.

Das Seitenverhältnis von 4:3 entspricht dem Seitenverhältnis klassischer Fotoabzüge im Format 12 cm x 9 cm oder 18 cm x 13 cm im Querformat bzw. 9 cm x 12 cm oder 13 cm x 18 cm als Hochformat.

In den sozialen Medien wie Facebook oder Instagram gelten die Vorgaben für die Bildformate der verschiedenen Kanäle.

Ein Motiv, verschiedene Bildformate

1.3 Bildausschnitt

Der gewählte Bildausschnitt ist neben der Anordnung der Elemente des Motivs und der Fototechnik, wie z.B. Brennweite, Blende oder Farbeinstellungen, das wichtigste Mittel der Bildgestaltung. Eine nachträgliche Veränderung des Bildausschnitts verändert die Bildwirkung und damit die Bildaussage eines Bildes.

Aufnahme analysieren

Die Aufnahme wurde nur unwesentlich beschnitten, damit sie in das Layout des Buches passt. Die Motorräder stehen im Mittelpunkt des Bildes. Im rechten oberen Bereich des Bildes sehen wir eine Frau, offensichtlich keine Motorradfahrerin, sondern vermutlich eine Passantin. Aber schauen wir uns das Bild näher an.

Beantworten Sie bitte die Fragen mit Ja oder Nein.

Fragen zur Bildanalyse

- Gibt es ein Hauptmotiv als Blickfang?
- Wird der Blick des Betrachters durch das Bild geführt?
- Ist der Bildausschnitt gestalterisch begründet?
- Haben die Personen im Bild eine Aufgabe?
- Erkennt der Betrachter, worum es in der Szene geht?

Vermutlich haben Sie alle 5 Fragen mit Nein beantwortet.

- Das Bild hat kein Hauptmotiv als Blickfang.
- Der Blick des Betrachtes irrt über das Bild.
- Der Bildausschnitt wird mit dem Seitenlayout und nicht mit der Bildgestaltung bzw. Bildaussage begründet.
- Die Personen erscheinen nebensächlich und sind dann auch noch unschön angeschnitten.
- Die Szene lässt vielfältige Interpretationen zu.

Bildausschnitt festlegen

Das rechte Bild zeigt nur noch einen Ausschnitt eines Motorrades. Der Blick des Betrachter konzentriert sich ganz auf die technischen Details des einen Motorrades. Das zweite Motorrad ist vollkommen im Hintergrund. Das noch sichtbare Bein der Zuschauerin ist für den Betrachter, der nur diesen Ausschnitt sieht, nicht mehr zuordenbar, es stört den Bildeindruck nicht.

Aufnahme

Bildausschnitt

Wie groß Sie das Format eines Bildes auch wählen. Es hat an allen vier Seiten Grenzen, das Bild zeigt nur einen Ausschnitt der Realität. Im Band *Visuelle Kommunikation* haben Sie schon die Grundregeln der menschlichen Wahrnehmung kennengelernt. Diese gelten auch als grammatikalische Regeln der Bildsprache.

Das Hauptmotiv ist Mittelpunkt des Interesses und Blickfang für den Betrachter. Es sollte aber nicht in der Mitte des Bildes stehen. Zentriert ausgerichtete Motive wirken meist langweilig und spannungsarm. Ausgehend vom Format und Seitenverhältnis des Bildes gibt es verschiedene geometrische Richtlinien zum Bildaufbau. Diese Regeln sollen Ihnen Hilfestellung geben, sie sind keine Gesetze. Gerade das bewusste Abweichen von diesen Regeln führt oft zu spannenden und ungewöhnlichen Bildern.

1.4.1 Goldener Schnitt

Der Goldene Schnitt ist eines der bekanntesten Harmoniegesetze zur Gliederung und Aufteilung von Strecken, Flächen und Körpern. Die mathematische Regel lautet, dass sich bei der Teilung einer Strecke der kleinere Teil zum größeren Teil so verhält wie der größere Teil zur Gesamtstrecke. Als Ergebnis dieser Regel ergibt sich die Verhältniszahl 1,61803… . Zur Anwendung in der Praxis wurde daraus die gerundete Zahlenreihe 3 : 5, 5 : 8, 8 : 13, 13 : 21 usw. abgeleitet.

Für den Bildaufbau bedeutet dies, dass der Blickpunkt des Hauptmotivs im Schnittpunkt der Teilungslinien des Bildformats platziert wird. Aus der proportionalen Flächenaufteilung nach dem Goldenen Schnitt ergeben sich vier mögliche Schnittpunkte. Welchen

der vier Schnittpunkte Sie als Schwerpunkt für Ihre Bildgestaltung wählen, ist von der Anordnung der Motivelemente im Bildformat abhängig.

Jedes Motiv wird durch das Bildformat gegrenzt. Der Bildaufbau folgt den geometrischen Regeln.

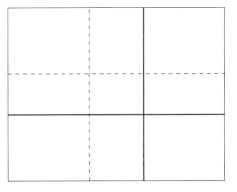

Aufteilung der Fläche nach dem Goldenen Schnitt

Das Hauptmotiv ist nach dem Goldenen Schnitt platziert.

1.4.2 Drittel-Regel

Die Drittel-Regel ist eine vereinfachte Umsetzung des Goldenen Schnitts. Die Horizontale und die Vertikale des Bildes werden jeweils in drei gleich große Bereiche aufgeteilt. Sie erhalten durch die Teilung neun Bildbereiche mit dem Seitenverhältnis des Gesamtformats.

Bei vielen Digitalkameras können Sie das Raster der Drittel-Regel im Display einblenden. Dies erleichtert es schon bei der Aufnahme, den Bildaufbau zu strukturieren.

Drittel-Regel

Aufteilung der Fläche nach der Drittel-Regel

Grundsätze der Drittel-Regel
• Der Horizont liegt auf einer der beiden horizontalen Linien.
• Der Blickpunkt des Hauptmotivs wird auf einem der Linienschnittpunkte positioniert.

Horizontlinie

Der tiefliegende Horizont im linken Bild vermittelt Weite. Im rechten Bild zeigt der hochliegende Horizont Nähe und betont dadurch die Landschaft.

1.5   Linien führen das Auge

Linien führen den Betrachter durch das Bild. Wege, Geländer oder Schienen gelten als die klassischen linearen Gestaltungsmittel. Aber auch Kanten von Flächen, Treppen oder eine Reihung einzelner Elemente haben die lenkende Wirkung einer Linie auf den Betrachter.

Die Linienführung folgt dabei den allgemeinen Wahrnehmungsregeln, die Sie im Band *Visuelle Kommunikation* schon kennengelernt haben. Schräg verlaufende Linien wirken dynamisch.

Linien, die sich in ihrem Verlauf von links nach rechts dem oberen Bildrand nähern, gelten als aufsteigend. Entgegengesetzt verlaufende Linien wirken absteigend. Waagrechte oder senkrechte Linien gliedern das Motiv. Sie vermitteln Ruhe und Ordnung. Grundsätzlich gilt, dass die waagrechten und die senkrechten Linien parallel zum Bildrand verlaufen. Nur bei extremer Sichtweise auf das Motiv sind stürzende Senkrechte erlaubt.

Linienführung
Die Linien strukturieren das Bild und führen den Blick des Betrachters.

1.6 Perspektive und Raumwirkung

1.6.1 Bildebenen

Vordergrund, Hauptmotiv und Hintergrund gliedern ein Bild in drei Bildebenen. Dadurch entsteht eine Tiefen- bzw. Raumwirkung im Bild. Achten Sie bei der Gewichtung der einzelnen Bildebenen auf die Wertigkeit der Elemente. Wenn der Vordergrund einen zu großen Anteil hat, dann beherrscht er das Bild und das eigentliche Hauptmotiv gerät ins Hintertreffen.

1.6.2 Bildperspektive

Die Bildperspektive beschreibt den Blick des Fotografen auf das Motiv. Wenn Sie Ihren Kamerastandpunkt verändern, dann erfolgt damit automatisch auch ein Perspektivwechsel. Mit Ihrem neuen Blick auf das Motiv verändert sich auch der Blick des Betrachters und beeinflusst dadurch die Bildaussage. Die Bildperspektive ist damit ein sehr wirkungsvolles Element der Bildgestaltung. Wir verstehen unter Bildperspektive nicht nur die klassischen Fluchtpunktperspektiven, sondern auch die Sichtweise, den fotografischen Blick.

Fotografieren heißt mit Licht schreiben, mit Licht zeichnen. Bei der fotografischen Aufnahme werden die Bildinformationen des Motivs durch Licht auf den Film in der analogen Kamera oder den Chip in der Digitalkamera aufgezeichnet. Unsere Kamera nimmt das Licht anders auf, als wir es wahrnehmen. Unser Gehirn korrigiert das Gesehene und gleicht die Informationen z. B. mit unseren Erfahrungen ab. So nehmen wir weißes Papier auch unter leicht gelblichem Licht als weiß wahr. Unsere Kamera dagegen sieht das Papier gelblich und nimmt es so auf. Beim Betrachten der Aufnahme wiederum sehen wir dann ebenfalls ein gelbliches Papier, weil wir davon ausgehen, dass die Farbe der Beleuchtung bei der Aufnahme weiß war.

Bei der Aufnahme müssen Sie deshalb die technische und die gestalterische Seite des Lichts beachten. Die technischen Aspekte werden wir im Band *Digitale Fotografie* ausführlich behandeln. Für die gestalterische Arbeit mit Licht finden Sie hier verschiedene Beispiele und Anregungen.

1.7.1 Art der Beleuchtung

Wir unterschieden grundsätzlich zwei Arten von Licht.

Natürliches Licht
Bei allen Außenaufnahmen haben wir natürliches Licht. Die Sonne ist die wichtigste und schönste natürliche Lichtquelle. Das Sonnenlicht ist aber nicht immer gleich. Im Tagesverlauf verändern sich die Position der Sonne, die Helligkeit, die Farbigkeit des Lichts, denken Sie an das warme Licht des Morgen- oder des Abendrots.

Künstliches Licht
Bei Aufnahmen von Innenräumen ist fast immer künstliches Licht zur Beleuchtung notwendig. Man spricht dabei oft nicht von Beleuchtung, sondern von Ausleuchtung. Ausleuchtung bedeutet, dass Sie das Motiv mit verschiedenen Lichtquellen und Aufhellern optimal beleuchten. Es stehen dazu eine ganze Reihe von Lichtquellen zur Verfügung. Dauerlicht für Videoaufnahmen, Dauerlicht und/oder Blitzlicht in der Fotografie. Wir unterscheiden auch zwischen Flächenlicht und Punktlicht.

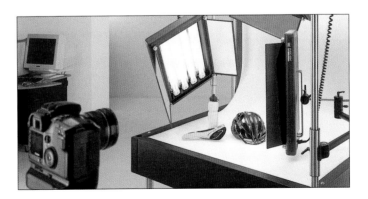

Mischlicht

Aufnahmen mit Kunstlicht bedeutet fast immer Mischlicht. Bei Innenaufnahmen haben Sie zusätzlich die Raumbeleuchtung und/oder mehrere Lichtquellen. In Außenaufnahmen konkurrieren immer die natürliche Beleuchtung der Sonne mit dem Kunstlicht.

1.7.2 Richtung der Beleuchtung

Die Richtung der Beleuchtung bestimmt Licht und Schatten im Motiv. Licht und Schatten beeinflussen ganz wesentlich die Bildwirkung. Die Räumlichkeit einer Aufnahme, aber auch die Bildstimmungen, romantisch, bedrohlich usw., werden durch Licht und Schatten gestaltet.

Bei Außenaufnahmen ohne Kunstlicht können Sie die Richtung der Beleuchtung nur durch Wechsel des Kamerastandortes verändern. Oft reicht schon eine kleine Veränderung, um den Lichteinfall, und damit die Wirkung von Licht und Schatten, zu optimieren.

Frontlicht

Frontlicht oder Vorderlicht strahlt in der Achse der Kamera auf das Motiv. Das frontal auftreffende Licht wirft keine Schatten, das Motiv wirkt dadurch flach. Sie sollten den Standort wechseln, damit das Licht von der Seite kommt, oder zusätzlich mit einem seitlichen Führungslicht Akzente setzen.

Seitenlicht

Die Beleuchtung des Aufnahmeobjekts von der Seite ist die klassische Lichtrichtung. Der seitliche Lichteinfall bewirkt ausgeprägte Licht- und Schattenbereiche. Dadurch erzielen Sie eine Verbesserung der Raumwirkung und Körperlichkeit des Aufnahmegegenstands in Ihrer Aufnahme.

Gegenlicht

Üblicherweise steht die Sonne hinter der Kamera. Bei der Gegenlichtaufnahme befindet sich die Sonne hinter dem Aufnahmeobjekt. Dies kann zu Lichtsäumen um den Schattenriss des Motivs führen. Spezielle Effekte können Sie durch Ausleuchtung des Objekts mit Aufheller oder durch den Einsatz eines Aufhellblitzes erzielen.

Bilder werden gesehen, aber werden sie auch wahrgenommen? Erregen Ihre Bilder Aufmerksamkeit, kommunizieren sie Ihre Botschaft? Was können Sie tun? Bieten Sie dem Betrachter beim Blick auf Alltägliches etwas Unerwartetes: Spezifische Bildausschnitte, Details, die für das Ganze sprechen, ungewöhnliche Perspektiven, intensive, ungewohnte Farben und Kontraste, kolorierte oder schwarzweiße Bilder – kurz die Abweichung von der Norm führt zu Aufmerksamkeit und was Aufmerksamkeit erregt, wird auch wahrgenommen.

1.9 Bildwelten – Keyvisuals

Die Bildwelt ist Teil eines Kommunikations- und Gestaltungskonzepts. Bilder kommunizieren Informationen und Emotionen und haben dadurch beim Betrachter einen hohen Wiedererkennungs- und Identifikationswert. Der Betrachter denkt beim Anschauen der Bilder an die Marke.

Bilder sind zusammen mit anderen Keyvisuals der Schlüssel zum visuellen Erkennen einer Marke. Weitere Keyvisuals sind Farben, Slogans, Schrift, Logos usw., letztlich sind alle diese Elemente Bildbotschaften als Teil des visuellen Designs.

Die Bildwelten sind im Wesentlichen durch zwei Faktoren bestimmt, die formale Bildgestaltung und die Farbigkeit. Das Farbklima, die Farbwelt und die Bildwelt müssen in der Farbanmutung und Farbcharakteristik eine ganzheitliche Darstellung zeigen.

Sport
dynamisch, jung, gesund, leistungsorientiert, freudig

Kopf- und Fußleiste RGB 222 | 222 | 222
Hintergrund RGB 245 | 245 | 245
Folien-, Kapiteltitel RGB 46 | 174 | 137
Überschrift RGB 208 | 0 | 13
Folientext RGB 67 | 67 | 67
Auszeichnung RGB 251 | 177 | 49

Technik
kompetent, zukunftsorientiert, sachlich, modern

Kopf- und Fußleiste RGB 177 | 177 | 177
Hintergrund RGB 245 | 245 | 245
Folien-, Kapiteltitel RGB 124 | 124 | 124
Überschrift RGB 208 | 0 | 13
Folientext RGB 67 | 67 | 67
Auszeichnung RGB 251 | 177 | 49

Natur
ökologisch, nachhaltig, bodenständig, erholsam

Kopf- und Fußleiste RGB 166 | 206 | 80
Hintergrund RGB 247 | 255 | 232
Folien-, Kapiteltitel RGB 124 | 124 | 124
Überschrift RGB 23 | 28 | 114
Folientext RGB 48 | 48 | 48
Auszeichnung RGB 202 | 134 | 26

Die Beurteilung von Bildern ist, wie die Beurteilung jeglicher Gestaltung, nicht einfach. Es gibt keine allgemein gültigen Maßstäbe oder Regeln, aus denen Sie eine Checkliste ableiten können. Die folgenden Fragen sollen Sie bei der Beurteilung eine Bildes leiten und unterstützen. Ihre Antworten ergeben ein Polaritätsprofil der Bewertung eines Bildes in einer konkreten Situation für ein bestimmtes Print- oder Digitalmedienprodukt.

Fragen zur Bildauswahl

- Ein Bild sagt mehr als tausend Worte – treffen diese über tausend Worte den Aussagewunsch der Gestaltung?
- Ist die Bildaussage wahr?
- Ist sie dem Betrachter verständlich?
- Ist das Bild stimmig oder steht es im Widerspruch zum Aussagewunsch?
- Ist das Motiv vertretbar oder zu schockierend?
- Entspricht das Bild den formalen Regeln der Bildgestaltung?
- Ist es technisch einwandfrei, ist es unscharf oder farbstichig?
- Ist das Motiv oder die Bildgestaltung innovativ oder sieht man Altbekanntes?
- Werden Sie sich auch nach langer Zeit noch an das Bild erinnern?
- Kommuniziert die Bildaussage Ihre Botschaft?
- Hat das Bild Relevanz oder ist es halt nur ein Bild, damit man nicht nur Text wiedergibt?
- Haben Sie ein anderes Bild als bessere Alternative?

Matrix zur Auswahl und Bewertung von Bildern

	++	+	0	–	– –	
gültig, wahr						nicht gültig, unwahr
verständlich						unverständlich
stimmig						widersprüchlich
vertretbar						nicht vertretbar
formal gelungen						formal nicht gelungen
technisch einwandfrei						technisch mangelhaft
innovativ						herkömmlich
bleibend wirkend						flüchtig wirkend
symbolhaft						oberflächlich
relevant						belanglos
lizenzrechtlich geregelt						lizenzrechtlich nicht geregelt

1.11 Aufgaben

1 Bildausschnitt festlegen

Welchen Einfluss hat die Bildaussage auf die Wahl des Bildausschnitts?

2 Aufnahmestandpunkt wählen

a. Wo befindet sich der Aufnahmestandpunkt?
b. Welchen Einfluss hat die Aufnahmeperspektive auf die Bildwirkung?

a.

b.

3 Bildgestaltung erläutern

Welchem Zweck dienen die Regeln zur Bildgestaltung?

4 Beleuchtung, Ausleuchtung erklären

Erklären Sie folgende Begriffe:
a. Beleuchtung
b. Ausleuchtung

a.

b.

5 Beleuchtungsrichtungen kennen

Welche Wirkung haben die folgenden zwei Beleuchtungsrichtungen auf die Aufnahme?
a. Frontlicht
b. Seitenlicht

a.

b.

6 Mit Bildebenen gestalten

a. Welches der beiden Bilder hat eine stärkere Raumwirkung?
b. Begründen Sie Ihre Aussage.

a.

b.

7 Bild analysieren

Belegen Sie das Bild mit vier treffenden Adjektiven.

8 Bildausschnitt festlegen

Zeichnen Sie einen Bildausschnitt mit dem Seitenverhältnis von 4:3 ein. Begründen Sie Ihre Auswahl.

15

2.1 Pixel

Digitale Bilder bestehen aus einzelnen Bildelementen, sogenannten Picture Elements oder kurz Pixel. Pixel ist ein Kunstwort, zusammengesetzt aus den beiden englischen Wörtern „picture" und „element". Ein Pixel beschreibt die kleinste Flächeneinheit eines digitalisierten Bildes.

Pixel entstehen in der Kamera durch die Erfassung der Bildinformationen mit einzelnen Sensorelementen im CCD- oder CMOS-Chip. Je nach eingestellter Bildgröße und Bauart des Chips werden intern aus mehreren Sensorinformationen die Bildinformationen einem Pixel zugerechnet.

2.1.1 Pixelmaß

Mit dem Pixelmaß wird die Breite und Höhe eines digitalen Bildes in Pixel angegeben. Das Pixelmaß und die geometrische Größe eines Pixels sind von der Auflösung unabhängig. Die Gesamtzahl der Pixel eines Bildes ist das Produkt aus Breite mal Höhe. Sie wird in Megapixel angegeben. Die meisten Digitalkameras haben verschiedene

Pixelmaßeinstellungen. Sie beeinflussen mit dieser Einstellung die Bildqualität und die geometrische Größe der Aufnahme.

Canon PowerShot G7 X Mark II

AUFNAHMEPIXEL / KOMPR

Bildgröße

3:2 – (RAW, L) 5.472 x 3.648, (M) 3.648 x 2.432, (S1)
4:3 – (RAW, L) 4.864 x 3.648, (M) 3.248 x 2.432, (S1)
16:9 – (RAW, L) 5.472 x 3.072, (M) 3.648 x 2.048, (S1)
1:1 – (RAW, L) 3.648 x 3.648, (M) 2.432 x 2.432, (S1) 1
kamerainterne RAW-Bildverarbeitung & Größenanpass

Kompression

RAW, Fein, Normal

Auszug aus dem Datenblatt (G7 X Mark II)

Pixelbild
mit jeweils 60-facher Ausschnittvergrößerung

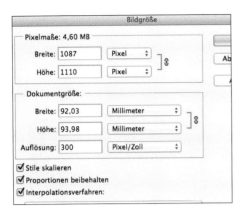

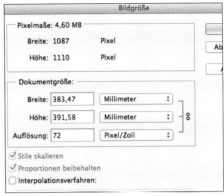

2.1.2 Auflösung

Wenn Sie die Zahl der Pixel Ihres Bildes zu einer Streckeneinheit in Beziehung setzen, dann erhalten Sie die Auflösung des Bildes. Die Auflösung ist linear, d. h., sie ist immer auf eine Strecke bezogen:

- ppi, Pixel/Inch bzw. Pixel/Zoll
- ppcm, px/cm, Pixel/Zentimeter

Bildauflösung π

Bildauflösung = Anzahl Pixel / Streckeneinheit

In Bildverarbeitungsprogrammen wie z. B. Photoshop wird die Auflösung als Verhältnis der Bildpixel zu den Bildschirmpixeln angegeben. Sie können die gerade angezeigte Auflösung als Prozentwert in der Titelleiste des Bildfensters ablesen. 100 % bedeutet, dass

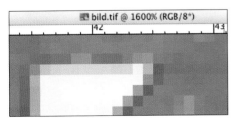

Pixelbild in 16-facher Zoomansicht

jedes Bildpixel mit einem Bildschirmpixel dargestellt wird. Bei 50 % sehen Sie auf die Fläche bezogen nur jedes vierte Bildpixel auf dem Monitor. 1600 % verteilt die Information eines Bildpixels auf 16 Pixel x 16 Pixel = 256 Bildschirmpixel.

Halbtonbilder im Druck
Die Auflösung ist vom Ausgabeprozess abhängig. Bei der autotypischen Rasterung im Druck soll das Verhältnis Pixel : Rasterpunkte gleich 2 : 1 betragen. Man nennt den Faktor, der sich aus diesem Verhältnis ergibt, Qualitätsfaktor (QF = 2 px/L). Für einen Druck mit 60 L/cm ist die notwendige Auflösung eines digitalen Halbtonbildes bei einem QF = 2 also 60 L/cm x 2 px/L = 120 px/cm oder 300 (304,8) ppi.

Für die frequenzmodulierte Rasterung und den Digitaldruck müssen Sie die notwendige Auflösung des Prozesses selbst bestimmen bzw. erhalten vom Hersteller die notwendigen Vorgaben.

1 Inch = 2,54 cm

In der Praxis wird häufig mit dem gerundeten Wert von 2,5 cm gerechnet.

Halbtonbildauflösung π

Bildauflösung = Rasterweite x Qualitätsfaktor

(Der Qualitätsfaktor ist im Allgemeinen 2)

Beispielrechnungen

1 Welche Auflösung muss ein digitales Bild haben, wenn es mit einer Rasterweite von 60 L/cm gedruckt wird?

```
60L/cm x 2px/L = 120px/cm
oder 300ppi (304,8ppi)
```

2 Ein digitales Bild hat die Pixelmaße von 4000 Pixel x 3000 Pixel. Berechnen Sie die maximal mögliche Bildgröße im Druck bei einer Rasterweite von 70 L/cm.

```
70 L/cm x 2 px/L = 140 px/cm
4000px / 140px/cm = 28,5cm
3000px / 140px/cm = 21,4cm
Bildgröße: 28,5cm x 21,4cm
```

Strichbilder im Druck

Strichbilder sind Bilder mit vollfarbigen Flächen. Sie werden i.d.R. nicht aufgerastert und brauchen deshalb eine höhere Auflösung als gerastert gedruckte Halbtonbilder. Die Auflösung für Strichbilder beträgt mindestens 1200 ppi. Bei höherer Auflösung ist ein ganzzahliges Verhältnis zur Ausgabeauflösung sinnvoll, um Interpolationsfehler zu vermeiden.

Bilder auf dem Monitor oder Display

Bei der Ausgabe auf dem Bildschirm beträgt die Auflösung sowohl für Strich- als auch für Halbtonbilder früher üblicherweise 72 ppi oder 96 ppi.

Da heute viele Monitore eine variable Auflösung ermöglichen, wird für die Ausgabe in Digitalmedien neben der Auflösung auch das absolute Pixelmaß, d. h. die Zahl der Pixel in Breite und Höhe des Bildes, angegeben.

Jedes Pixel des Bildes, z. B. auf einer Internetseite, wird durch ein Pixel des

Halbtonbilder
mit unterschiedlicher Auflösung

Halbton, 72 ppi   Halbton, 150 ppi   Halbton, 300 ppi

Strichbilder
mit unterschiedlicher Auflösung

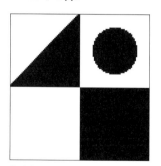  

Strich, 72 ppi   Strich, 300 ppi   Strich, 1200 ppi

Monitors bzw. Displays abgebildet. Dadurch ist die dargestellte Bildgröße, anders als im Druck, nicht konstant, sondern von der eingestellten Monitorauflösung abhängig.

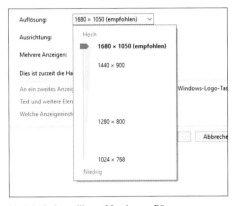

Variabel einstellbare Monitorauflösungen

2.1.3 Pixeldichte

Die Pixeldichte ist eine weitere Kenngröße zur Beschreibung der Qualität eines Displays. Im Gegensatz zur allgemeinen Größe der Auflösung wird die Pixeldichte auf die Breite und Höhe des Displays bezogen. Die Einheiten sind:
- ppi, Pixel/Inch bzw. Pixel/Zoll
- ppcm, px/cm, Pixel/Zentimeter

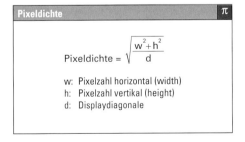

Pixeldichte	π

$$\text{Pixeldichte} = \sqrt{\frac{w^2 + h^2}{d}}$$

w: Pixelzahl horizontal (width)
h: Pixelzahl vertikal (height)
d: Displaydiagonale

Beispielrechnungen

1 Berechnen Sie die Pixeldichte eines Displays mit folgenden technischen Maßen:
- Breite: 2048 Pixel
- Höhe: 1536 Pixel
- Diagonale: 9,7 Zoll

```
square root (sqr(2048 px) +
sqr(1536 px)) / 9,7 inch =
264 ppi
```

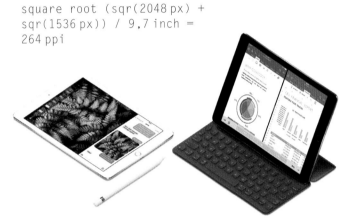

Apple iPad Pro 9,7″

2 Berechnen Sie die Pixeldichte des Displays eines Smartphones mit folgenden technischen Maßen:
- Breite: 1440 Pixel
- Höhe: 2560 Pixel
- Diagonale: 5,7 Zoll

```
square root (sqr(1440 px) +
sqr(2560 px)) / 5,7 inch =
515 ppi
```

Samsung Galaxy Note7

2.2 Farbmodi

Der Farbmodus gibt an, nach welchem Farbmodell die Farben eines digitalen Bildes aufgebaut sind. Bilder aus der Digitalfotografie, aber auch gescannte Bilder sind meist im RGB-Modus abgespeichert. Bilder im Druck werden meist im CMYK-Modus verarbeitet.

deutet, dass die Farbinformation eines Pixels in den drei Farbkanälen Rot, Grün und Blau aufgeteilt ist. Im CMYK-Modus teilt sich die Farbinformation in die vier Kanäle Cyan, Magenta, Yellow (Gelb) und Key bzw. Black (Schwarz)

2.2.1 RGB-System

Das RGB-System basiert auf der additiven Farbmischung. In der additiven Farbmischung werden die Grundfarben Rot, Grün und Blau als Lichtfarben gemischt. Diese Farben entsprechen der Farbempfindlichkeit der drei Zapfenarten des menschlichen Auges.

Die Farben werden im RGB-System durch drei Farbwerte definiert. Ein Farbwert bezeichnet den Rot-Anteil, ein Farbwert den Grün-Anteil und ein Farbwert den Blau-Anteil. Für Rot, Grün und Blau gibt es jeweils 256 Abstufungen: von 0 (keine Farbe) bis 255 (volle Intensität). Schwarz wird dementsprechend im RGB-System mit Rot: 0, Grün: 0 und Blau: 0 erzeugt. Weiß ergibt sich aus Rot: 255, Grün: 255 und Blau: 255. Die Darstellung von Rot erreichen Sie mit den Farbwerten Rot: 255, Grün: 0 und Blau: 0. Da jeder der 256 Rotwerte mit jedem der 256 Grün- und 256 Blauwerte kombiniert werden kann, sind im RGB-System 16.777.216 Farben darstellbar.

Die technische Wiedergabe der Farben eines digitalen Bildes ist von den Softwareeinstellungen und den Hardwarekomponenten abhängig. Dadurch können sich die Farben bei den gleichen RGB-Farbwerten in der Monitor-/Displaydarstellung oder in der Beamerprojektion teilweise stark unterscheiden.

Farbkanäle einer Bilddatei

Links: RGB-Modus
Rechts: CMYK-Modus

Der Farbmodus gibt an, nach welchem Farbmodell die Farben eines digitalen Bildes aufgebaut sind. RGB-Modus be-

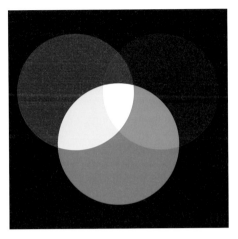

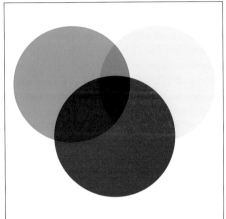

Rot	255	Rot	0	Rot	0
Grün	0	Grün	255	Grün	0
Blau	0	Blau	0	Blau	255

Rot	0	Rot	255	Rot	255
Grün	255	Grün	0	Grün	255
Blau	255	Blau	255	Blau	0

RGB-System

Cyan	100	Cyan	0	Cyan	0
Magenta	0	Magenta	100	Magenta	0
Yellow	0	Yellow	0	Yellow	100

Cyan	0	Cyan	100	Cyan	100
Magenta	100	Magenta	0	Magenta	100
Yellow	100	Yellow	100	Yellow	0

CMYK-System

2.2.2 CMYK-System

Das CMYK-System basiert auf der subtraktiven Farbmischung. In der subtraktiven Farbmischung werden Körperfarben gemischt. Körperfarben sind alle Farben, die nicht selbst leuchten, sondern erst durch die Beleuchtung mit Licht sichtbar werden.

Alle Druckverfahren, Laserdrucker und Tintenstrahldrucker arbeiten nach dem Prinzip der subtraktiven Farbmischung. Die Farben werden im CMYK-System durch vier Farbwerte definiert. Ein Farbwert bezeichnet den Cyan-Anteil, ein Farbwert den Magenta-Anteil und ein Farbwert den Gelb-Anteil. Zur Verbesserung des Kontrastes und zur

Textdarstellung wird zusätzlich noch Schwarz als vierte Farbe gedruckt. Der Anteil einer Farbe wird mit dem Prozentwert der Flächendeckung im Druck angegeben: von 0 % (keine Farbe) bis 100 % (Vollfläche).

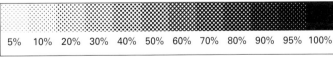

Die Farbwirkung einer Körperfarbe ist von den Farbpigmenten, dem Bedruckstoff und der Art der Beleuchtung abhängig.

2.3 Dateigröße

2.3.1 Farbtiefe, Bittiefe, Datentiefe

Mit der Farbtiefe wird die Anzahl der möglichen Ton- bzw. Farbwerte eines Pixels bezeichnet. Sie wird in Bit/Kanal oder in Bit/Pixel angegeben. Dabei gilt die Regel, dass mit n Bit 2^n Informationen bzw. Farben dargestellt werden können. Ein RGB-Bild mit 24 Bit Farbtiefe (8 Bit x 3 Kanäle) kann also 2^{24} = 16.777.216 Farben enthalten.

Farbtiefe/Kanal	Anzahl der Farben
1 Bit = 2^1	2
8 Bit = 2^8	256
10 Bit = 2^{10}	1024
12 Bit = 2^{12}	4096
16 Bit = 2^{16}	65.536
32 Bit = 2^{32}	4.294.967.296

In der Praxis werden für den Begriff Farbtiefe auch die beiden Begriffe Datentiefe und Bittiefe benutzt. Alle drei Begriffe sind synonym.

Hochwertige Digitalkameras arbeiten mit einer höheren Farbtiefe. Dies ermöglicht eine differenziertere Bearbeitung der einzelnen Ton- und Farbwertbereiche. Zur Ausgabe in Print- oder Digitalmedien werden die Dateien dann auf 8 Bit Farbtiefe reduziert.

2.3.2 Speichergröße

Die Speichergröße digitaler Bilder wird durch verschiedene technische Parameter bestimmt. Die Auswahl der Parameter und deren Einstellungsgrößen unterscheiden sich je nach Software,

mit der Sie arbeiten, dem Bearbeitungsziel und dem Zielmedium:
- Pixelzahl
- Farbtiefe
- Komprimierungsfaktor
- Farbmodus
- Kanalanzahl
- Bearbeitungsparameter, z.B. Ebenen, Filter oder Farbprofile
- Software

Zur Ausgabe in Print- und Digitalmedien werden die Bilddateien üblicherweise flach gerechnet. Das bedeutet, dass alle Ebenen und weitere Bearbeitungsparameter auf die Hintergrundebene reduziert werden.

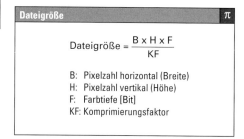

Dateigröße	π

$$\text{Dateigröße} = \frac{B \times H \times F}{KF}$$

B: Pixelzahl horizontal (Breite)
H: Pixelzahl vertikal (Höhe)
F: Farbtiefe [Bit]
KF: Komprimierungsfaktor

Beispielrechnung
Berechnen Sie die Speichergröße einer Bilddatei mit folgenden technischen Kenngrößen:
- Breite: 4000 Pixel
- Höhe: 3000 Pixel
- Farbtiefe: 24 Bit
- Komprimierungsfaktor: 12

```
(4000px x 3000px x 24Bit)/12 =
24000000Bit = 2,86MB
```

Datenmengen
1 Byte (B) = 8 Bit
1 KiloByte (KB) = 2^{10} Byte = 1.024 Byte
1 MegaByte (MB) = 2^{10} KiloByte = 1.024 KiloByte
1 GigaByte (GB) = 2^{10} MegaByte = 1.024 MegaByte
1 TeraByte (TB) = 2^{10} GigaByte = 1.024 GigaByte
1 PetaByte (PB) = 2^{10} TeraByte = 1.024 TeraByte

2.4   Dateiformate

Unter Dateiformat versteht man die innere logische Struktur einer Datei. Die meisten Digitalkameras erlauben es, die Bilder in verschiedenen Dateiformaten abzuspeichern. Am weitesten verbreitet sind die beiden Dateiformate JPEG und RAW. Für die weitere Verarbeitung der digitalen Bilder in Bildbearbeitungsprogrammen wie Photoshop oder GIMP gibt es eine Reihe weiterer proprietärer, d. h. programmeigener Dateiformate und allgemeine Import- und Exportformate. In der Printmedienproduktion ist TIF sehr weit verbreitet, in der Digitalmedienproduktion sind es neben JPEG noch die beiden Bilddateiformate GIF und PNG.

2.4.1   JPEG

JPEG ist die Abkürzung von Joint Photographic Experts Group. Das von dieser Organisation entwickelte Dateiformat und das damit verbundene Kompressionsverfahren wird von allen Digitalkameras und Bildverarbeitungsprogrammen unterstützt.

Merkmale
- Speicherung im RGB- oder CMYK-Modus
- Farbtiefe: 8 Bit pro Farbkanal
- Speicherung von Farbprofilen
- Import und Export von JPEG-Dateien ist plattformunabhängig möglich.
- Die JPEG-Dateierweiterung ist *.jpg, *.jpeg oder *.jpe.
- Keine Speicherung von Alphakanälen
- Keine Speicherung von Ebenen
- Grundsätzlich verlustbehaftete Komprimierung bei der Speicherung
- Den Grad der Komprimierung können Sie in der Kamerasoftware vor der Aufnahme oder in der Bildbearbeitungssoftware beim Abspeichern einstellen. Dabei gilt, je stärker die

Bilddateien komprimiert werden, desto kleiner wird die Datei, aber umso deutlicher ist der Qualitätsverlust. Die Auswirkungen der Komprimierung sind als sogenannte Artefakte, Strukturen, im Bild sichtbar.

JPEG-Artefakte durch zu starke Komprimierung

Anwendung
- Standarddateiformat zur Speicherung von Bilddateien in Digitalkameras, Smartphones und Tablets
- Speicher- oder Exportformat aus Bildbearbeitungsprogrammen
- Bilddateiformat in Digitalmedien

EXIF
Die meisten Kameras speichern die Bilddatei im EXIF-Format (Exchangeable Image File Format). Dabei handelt es sich um eine besondere Form von JPEG. Es ermöglicht die Speicherung zusätzlicher Informationen in der Bilddatei. Das EXIF-Format wurde von der Japanese Electronics Industry Development Association (JEIDA) entwickelt. Im Header der EXIF-Datei werden Informationen über die Farbraum- und Farbanpassungseinstellungen der Digitalkamera gespeichert. Somit ist die

23

Einbindung des in der Digitalfotografie üblichen YCbCr-Farbraums in das Color Management der Medienproduktion möglich.

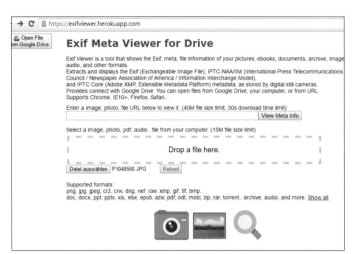

Online EXIF-Viewer

Digitale Aufnahme
FileName: P1040560.JPG

File

FileName	P1040560.JPG
FileSize	4.9 MB
FileType	JPEG
FileTypeExtension	jpg
MIMEType	image/jpeg
ExifByteOrder	Little-endian (Intel, II)
ImageWidth	4000
ImageHeight	3000
EncodingProcess	Baseline DCT, Huffman coding
BitsPerSample	8
ColorComponents	3
YCbCrSubSampling	YCbCr4:2:2 (2 1)

EXIF

Make	Panasonic

Ausschnitt aus den Metadaten der Bilddatei P1040560.JPG

Speicher- und Exportoptionen aus Photoshop
In Photoshop haben Sie mehrere Möglichkeiten, eine Bilddatei im JPEG-Format abzuspeichern:

- Menü *Datei > Speichern unter… > JPEG*
- Menü *Datei > Exportieren > Exportieren als… > JPG*
- Menü *Datei > Exportieren > Für Web speichern (Legacy)…*

Beachten Sie dabei, dass beim Speichern immer eine verlustbehaftete Komprimierung durchgeführt wird. Speichern Sie deshalb die Zwischenschritte der Bearbeitung besser im PSD-Format und erst final als JPEG.

2.4.2 RAW

RAW ist keine Abkürzung, sondern steht für roh und unbearbeitet (engl. raw = roh). Das RAW-Format wird von vielen Kameras und einigen Smartphones unterstützt.

Bilder im RAW-Format sind natürlich auch Dreikanalbilder. Die drei Farbsignale Rot, Grün und Blau wurden aber nach der A/D-Wandlung nicht in einen Arbeitsfarbraum konvertiert. Sie enthalten die direkte Helligkeitsinformation, so wie sie von den Sensorelementen der Digitalkamera aufgenommen wurde. Damit ist jeder Kanal ein eigenes Graustufenbild, das oft auch als digitales Negativ bezeichnet wird. Mit spezieller RAW-Software oder Bildbearbeitungsprogrammen wie Photoshop wird die RAW-Datei bearbeitet und dann in den Arbeitsfarbraum konvertiert.

Wir werden uns im Kapitel *4 Bildbearbeitung* ausführlich mit der RAW-Entwicklung beschäftigen.

Merkmale

- Es gibt keinen hersteller- und systemunabhängigen Standard, der das RAW-Format definiert.
- Die RAW-Dateierweiterung ist z.B. *.dng (Adobe), *.nef (Nikon) oder *.raw (Leica und Panasonic).
- Zur Bearbeitung ist ein Bildbearbeitungsprogramm mit RAW-Konverter wie z.B. Photoshop notwendig.
- RAW-Dateien sind nicht komprimiert.
- Im RAW-Format werden in der Kamera die nicht bearbeiteten und nicht interpolierten Sensordaten gespeichert.
- Es werden nicht alle Motivprogramme der Kameraautomatik unterstützt.
- Das RAW-Format ermöglicht im Vergleich mit allen anderen Bilddateiformaten die größten Möglichkeiten der Bildbearbeitung und Bildkorrektur.
- RAW-Dateien sind speicherintensiv.

Anwendung

- Anspruchsvolle Fotografie
- Nachbearbeitung aller Einstellungsgrößen in maximaler Qualität

EXIF

In RAW-Dateien können Metadaten als EXIF-Informationen gespeichert werden.

Speicher- und Konvertieren-Optionen in Photoshop

Eine RAW-Bilddatei, z.B. *beispielbild. nef* (Nikon RAW-Format), öffnen Sie in Photoshop im Programmelement Camera Raw. Mit der Option *Bild speichern* öffnen Sie das Dialogfeld zur Konvertierung und Speicherung der Bilddatei.

Speichern- und Konvertieren-Dialog in Photoshop

2.4.3 PSD

PSD, Photoshop Document, ist das proprietäre Dateiformat von Adobe Photoshop.

Merkmale
- Alle Einstellungsgrößen wie Alphakanäle, Einstellungsebenen und Filter werden gespeichert.
- Die Bilddatei wird als PSD verlustfrei gespeichert.
- Speicherung in unterschiedlichen Farbmodi und Farbtiefen möglich

Farbmodus- und Farbtiefe-Dialog in Photoshop

- PSD-Dateien können direkt in anderen Adobe-Programmen, wie z. B. InDesign, platziert werden.

Anwendung
- Bildbearbeitung in Photoshop
- Austauschformat für Adobe CS- und

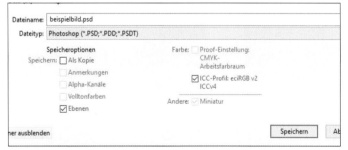

Speichern-Dialog in Photoshop
Speichern der Bilddatei mit Ebenen und dem ICC-Profil

CC-Programme und andere Bildbearbeitungsprogramme wie z. B. GIMP.

EXIF
In PSD-Dateien können Metadaten als EXIF-Informationen gespeichert werden.

Speicheroptionen in Photoshop
In Photoshop speichern Sie eine Datei als PSD unter: Menü *Datei > Speichern unter… > Photoshop.*

2.4.4 TIFF

TIFF, Tagged Image File Format, ist das klassische Bilddateiformat. Es wurde schon 1986 von der Firma Aldus entwickelt. Das TIF-Format wird von einigen Digitalkameras und fast allen Bildverarbeitungsprogrammen als Speicher- und Austauschformat unterstützt.

Merkmale
- Speicherung im RGB- oder CMYK-Modus, als Bitmap, Graustufen, indizierte Farbe und als Lab-Farbe
- Farbtiefe: 8 Bit, 16 Bit oder 32 Bit pro Farbkanal
- Speicherung von Farbprofilen
- Import und Export von TIFF-Dateien ist plattformunabhängig möglich.
- Die TIFF-Dateierweiterung ist *.tif oder *.tiff.
- Speicherung von Alphakanälen
- Speicherung von Ebenen
- Verlustfreie oder verlustbehaftete Komprimierung bei der Speicherung
- TIFF-Dateien können direkt in Grafik- und Layoutprogrammen platziert werden.

Anwendung
- Speicher- und Austauschformat in der Bildverarbeitung
- Austauschformat zur Platzierung von

Bilddateien in Layoutprogrammen
der Druckvorstufe

EXIF
In TIFF-Dateien können Metadaten
als EXIF-Informationen gespeichert
werden.

Speicheroptionen in Photoshop
In Photoshop speichern Sie eine Datei
als TIFF unter: Menü *Datei > Speichern
unter… > TIFF.*

2.4.5 EPS

EPS, Encapsulated Postscript, ist ein auf
PostScript basierendes Dateiformat für
Pixel- und Vektordaten. Das Dateiformat wurde 1987 von Adobe und Aldus
entwickelt und ist bis heute eines der
Basisdateiformate in der Printmedienproduktion.

Merkmale
- Speicherung im RGB- oder CMYK-
  Modus
- Farbtiefe: 8 Bit pro Farbkanal
- Speicherung von Farbprofilen
- Speicherung von Rasterungseinstel-
  lungen
- Speicherung der Druckkennlinie
- Speicherung mit Beschneidungspfad
- Import und Export von EPS-Dateien
  ist plattformunabhängig möglich.
- Die EPS-Dateierweiterung ist *.eps.
- Keine Speicherung von Alphakanälen
- Keine Speicherung von Ebenen
- Verlustfreie Komprimierung bei der
  Speicherung
- EPS-Dateien können direkt in Gra-
  fik- und Layoutprogrammen platziert
  werden.

Anwendung
- Speicher- und Austauschformat in der
  Bild- und Grafikverarbeitung

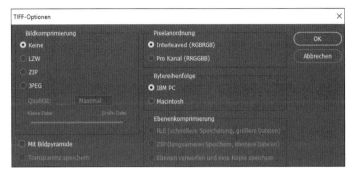

TIFF-Optionen beim
Speichern einer TIFF-
Datei in Photoshop

- Austauschformat zur Platzierung von
  Bild- und/oder Grafikdateien in Layoutprogrammen der Druckvorstufe

EXIF
In EPS-Dateien können keine Metadaten
als EXIF-Informationen gespeichert
werden.

Speicheroptionen in Photoshop
In Photoshop speichern Sie eine Datei
als EPS unter: Menü *Datei > Speichern
unter… > Photoshop EPS.*

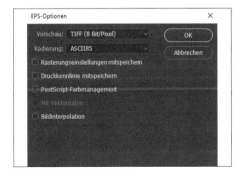

EPS-Optionen beim
Speichern einer EPS-
Datei in Photoshop

2.4.6 GIF

GIF, Graphics Interchange Format,
wurde als Grafik- und Bildformat für
das Internet entwickelt. Mit GIF können
auch Bild-für-Bild-Animationen erstellt
werden (Animated GIF).

27

Merkmale

- Speicherung der Farbinformation als indizierte Farbe
- Farbtiefe: 8 Bit, ein Farbkanal
- Import und Export von GIF-Dateien plattformunabhängig
- Die GIF-Dateierweiterung ist *.gif.
- Verlustfreie Komprimierung
- Transparenz durch die Festlegung einer Transparenzfarbe
- Keine Speicherung von Alphakanälen
- Keine Speicherung von Farbprofilen
- Keine Speicherung von Ebenen
- Unterstützung durch alle aktuellen Webbrowser

Anwendung

- Platzierung von Pixelgrafiken in Digitalmedien

EXIF

In GIF-Dateien können keine Metadaten als EXIF-Informationen gespeichert werden.

Speicher- und Exportoptionen aus Photoshop

In Photoshop haben Sie mehrere Möglichkeiten, eine Bilddatei im GIF-Format abzuspeichern:

- Menü *Datei > Speichern unter... > GIF*
- Menü *Datei > Exportieren > Exportieren als... > GIF*
- Menü *Datei > Exportieren > Für Web speichern (Legacy)...*

2.4.7 PNG

PNG, Portable Network Graphics, wurde als Grafik- und Bildformat für das Internet entwickelt. Es bietet wesentliche Vorteile gegenüber JPEG und GIF. PNG gibt es in zwei Versionen: als PNG-8 mit 8 Bit Farbtiefe und maximal 256 Farben in einer indizierten Farbpalette und als PNG-24 mit 24 Bit Farbtiefe im RGB-Modus. Durch Alphakanäle unterstützt das PNG-Format Transparenzen. Die Komprimierung von PNG-Dateien ist verlustfrei.

Merkmale

- Speicherung im RGB-Modus (PNG 24) oder als indizierte Farbe (PNG 8)
- Farbtiefe: 24 Bit (PNG-24) mit drei Farbkanälen oder 8 Bit (PNG-8) mit einem Farbkanal
- Import und Export von PNG-Dateien plattformunabhängig
- Die PNG-Dateierweiterung ist *.png.
- Verlustfreie Komprimierung
- Transparenz durch die Speicherung von Alphakanälen
- Speicherung von Farbprofilen
- Keine Speicherung von Ebenen
- Unterstützung durch alle aktuellen Webbrowser

Anwendung

- Platzierung von Bildern und Pixelgrafiken in Digitalmedien
- Screenshots unter Windows

EXIF

In PNG-Dateien können keine Metadaten als EXIF-Informationen gespeichert werden.

Speicher- und Exportoptionen aus Photoshop

In Photoshop haben Sie mehrere Möglichkeiten, eine Bilddatei im PNG-Format abzuspeichern:

- Menü *Datei > Speichern unter... > PNG*
- Menü *Datei > Exportieren > Exportieren als... > PNG*
- Menü *Datei > Exportieren > Für Web speichern (Legacy)...*

2.4.8 JPEG-, PNG- und GIF-Dateien speichern

Um Bilder in den Dateiformaten PNG, JPEG oder GIF zu speichern, bietet Photoshop mehrere Möglichkeiten. Die altbekannte Option ist Menü *Datei > Exportieren > Für Web speichern (Legacy)...* Der Begriff Legacy (engl. Erbe) zeigt an, dass diese Option von Adobe zwar noch unterstützt, aber nicht mehr weiterentwickelt wird. Aktuell sind die Optionen Menü *Datei > Exportieren > Schnell-Export als* oder Menü *Datei > Exportieren > Exportieren als...* die Funktionen, um Bilddateien für Digitalmedien zu optimieren und zu speichern. Sie können dort Zeichenflächen, Ebenen, Ebenengruppen oder Photoshop-Dokumente im PNG-, JPEG-, GIF- oder SVG-Format exportieren. SVG als Vektorformat natürlich nur für Vektorobjekte und Schrift.

Schnell-Export als

Mit der Option *Schnell-Export als* **A** können Sie die Bilddatei direkt in das gewünschte Zielformat exportieren. Die Einstellungen dazu treffen Sie in den *Export-Voreinstellungen...* **B**.

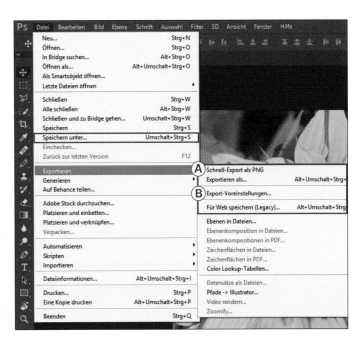

Making of …

1 Wählen Sie das Zielformat **C**
  - PNG: Die aktivierte Option Transparenz speichert die Datei mit 32 Bit Datentiefe, d.h. die drei Farbkanäle für Rot, Grün und Blau sowie einen Alphakanal für die Transparenz. Die Option 8 Bit reduziert die Datei auf einen Farbkanal mit 256 indizierten Farben.

Export-Voreinstellungen... PNG

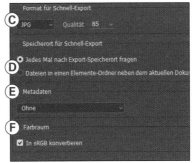

Export-Voreinstellungen... JPG

Export-Voreinstellungen... GIF

- JPG: Mit der Einstellung der Qualität legen Sie den Grad der Komprimierung fest. Je höher der Wert, desto geringer ist die Komprimierung und desto höher ist die optische Bildqualität.
- GIF: Für dieses Dateiformat bietet der Schnell-Export keine spezifischen Einstellungen.

Die weiteren Optionen sind für alle Dateiformate dieselben.

2 Legen Sie die Option für den Speicherort fest **D**.

3 Wählen Sie, ob die Datei mit oder ohne Metadaten gespeichert wird **E**. Die Metadaten können Sie unter Menü *Datei > Dateiinformationen...* eingeben.

4 Als letzte Option wählen Sie, ob die Datei beim Export in den sRGB-Farbraum konvertiert wird **F**.

Exportieren als...
Die Optionen Dateieinstellungen **G**, Metadaten **H** und Farbraum **I** sind dieselben wie in den Export-Voreinstellungen für den *Schnell-Export*. Darüber hinaus

Exporteinstellungen

bietet die Option *Exportieren als...* zusätzliche Möglichkeiten der Bildmodifikation und -optimierung beim Export der Datei.

Making of …

1 Treffen Sie die Einstellungen für das Dateiformat **G**, Die Metadaten **H** und den Farbraum **I** analog zu den Exporteinstellungen für den Schnell-Export.

2 Überprüfen und ändern Sie ggf. die Einstellungen für die Bildgröße **J** und die Arbeitsfläche **L**.

3 Wählen Sie eine Resampling-Methode **K**, wenn Sie die Bildgröße ändern.
- Bikubisch: Komplexe Berechnung benachbarter Pixel führt zu weichen Ton- und Farbwertabstufungen, für Vergrößerungen

- Bikubisch automatisch: Wählt automatisch die für das Bild geeignete bikubische Methode aus.
- Bikubisch schärfer: Basiert auf bikubisch, bessere Scharfzeichnung, für Verkleinerungen
- Bikubisch glatter: Basiert auf bikubisch, glatte Verläufe, für Vergrößerungen
- Bilinear: Fügt Pixel durch die Mittelwertbildung der Farbwerte der umgebenden Pixel hinzu, für Vergrößerungen, schnelle Berechnung
- Pixelwiederholung: Pixel werden bei Vergrößerungen repliziert, für Grafiken geeignet
- Details erhalten: Priorität auf Beibehaltung von Bilddetails und Bildschärfe

4 Exportieren Sie die Bilddatei mit *Alle exportieren...*

PNG
- Links: 24 Bit, 296 KB
- Mitte: 32 Bit, mit Transparenz, 354 KB
- Rechts: 8 Bit, bikubisch automatisch, 97 KB

JPG
- Links: Qualität 100, 188 KB
- Mitte: Qualität 50, 49 KB
- Rechts: Qualität 0, 17 KB

GIF
- Links: bikubisch, 119 KB
- Mitte: bilinear, 119 KB
- Rechts: Pixelwiederholung, 119 KB

2.5 Bildkomprimierung

Beim Speichern einer Bilddatei im Bildverarbeitungsprogramm werden für die einzelnen Dateiformate verschiedene Komprimierungstechniken angeboten.

- *LZW – Lempel-Ziff-Welch*
  Verlustfreie Komprimierung von 24- und 32-Bit-Farbbildern und Grafiken sowie indizierten Dateien mit bis zu 256 Farben in den Dateiformaten TIFF, PDF und GIF.
- *JPEG – Joint Photographic Experts Group*
  Verlustbehaftete Komprimierung für 24- und 32-Bit-Farbbilder, die von den Dateiformaten JPEG, TIFF und PDF unterstützt wird.
- *CCITT – Consultative Committee for International Telephone and Telegraph*
  Verlustfreie Komprimierung für Schwarzweißbilder im Format PDF, keine Graustufen
- *ZIP*
  ZIP steht für *.zip, die Dateiendung von mit spezieller ZIP-Software komprimierten Dateien. Die drei Buchstaben ZIP stehen für Zipper, englisch für Reißverschluss.
  Die ZIP-Komprimierung von Dateien und Bildern in den Formaten TIFF und PDF ist verlustfrei.

2.5.1 JPEG-Komprimierung

Das Dateiformat und das Komprimierungsverfahren haben beide den Namen des Gremiums, das sie entwickelt hat, der Joint Photographic Experts Group. JPEG ist das am weitesten verbreitete Bilddatei- und Komprimierungsverfahren für Bilder im Internet. JPEG wird aber auch als reines Komprimierungsverfahren in anderen Dateiformaten wie PDF und TIFF eingesetzt. Die Komprimierung erfolgt in mehreren Schritten, die automatisch nacheinander abgearbeitet werden. Die Stärke und damit die Qualität der Komprimierung können Sie im Speichern- oder Export-Dialog der Bildbearbeitungssoftware einstellen.

Konvertierung der Bildfarben

Als erster Schritt der Komprimierung werden die Farben des Bildes in den YUV-Farbraum oder den YCbCr-Farbraum konvertiert. In beiden Farbräumen wird die Helligkeit (Luminanz) von der Farbinformation (Chrominanz) getrennt gespeichert. Der Helligkeitsbetrag Y errechnet sich entsprechend dem Helligkeitsempfinden der drei Zapfen aus 60 % Grünanteil, 30 % Rotanteil und 10 % Blauanteil. Die Farbwerte werden über die Differenz vom Blauwert zur Helligkeit und dem Rotwert zur Helligkeit beschrieben.

YUV-Farbwerte
$Y = 0{,}299R + 0{,}587G + 0{,}114B$
$U = 0{,}493 (B - Y)$
$V = 0{,}877(R - Y)$

Subsampling der Farbanteile

Das menschliche Auge ist für Helligkeitsunterschiede weit empfindlicher als für Farbunterschiede. Deshalb werden nach der Konvertierung die Farbwerte in ihrer Auflösung nach unten skaliert, d. h., mehrere Farbwerte werden gemittelt und dieser neue Farbwert dann gespeichert. Die Helligkeitswerte bleiben unverändert. Bei einer Subsamplingrate von 4:1:1 bleibt der Helligkeitswert. Der jeweilige U- und der V-Wert von vier Pixeln ist zu einem Wert gemittelt.

Blockbildung

Das Bild wird in 8 x 8 Pixel große Blöcke aufgeteilt und im JPEG-Format gespeichert.

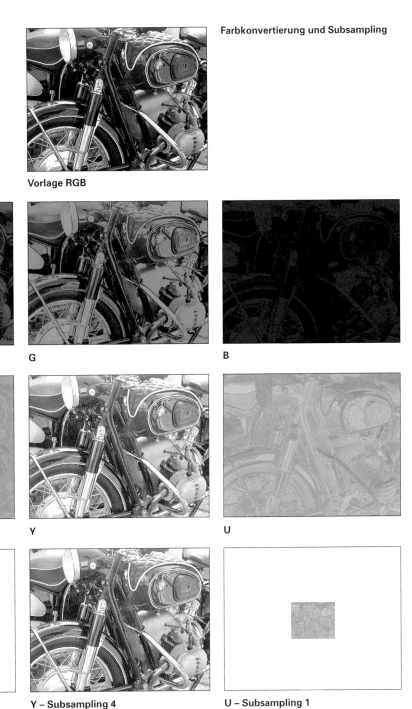

Farbkonvertierung und Subsampling

Vorlage RGB

R

G

B

V

Y

U

V – Subsampling 1

Y – Subsampling 4

U – Subsampling 1

33

Diskrete Kosinustransformation und Quantifizierung

Bildmotive haben meist wenig markante Kanten oder hohe Detailkontraste. Diese Bildbereiche gelten in der diskreten Kosinustransformation als hochfrequente Anteile und werden im Gegensatz zu den niederfrequenten Flächen stark reduziert gespeichert. Bei einer hohen Kompressionsrate führt dies zu deutlich sichtbaren Artefakten. Die Quantifizierung basiert auf einer

Konturenwerte

Quantifizierungstabelle, in der das Helligkeits- und Farbempfinden des menschlichen Auges berücksichtigt ist.

Durch die Art und Stärke der Quantifizierung wird wesentlich die Qualität des komprimierten Bildes beeinflusst, da durch die heutigen Systeme bei der Decodierung diese Bilder nicht vollständig in der ursprünglichen Qualität wieder hergestellt werden können.

Huffman-Codierung

Die Komprimierung nach der Huffman-Codierung wurde von dem amerikanischen Informatiker David A. Huffman entwickelt. Das Prinzip der Huffman-Codierung beruht auf der Annahme, dass die Werte in einer zu codierenden Datenmenge ungleichmäßig in ihrer Häufigkeit verteilt sind. Die häufigsten Werte werden mit dem kürzesten Binärcode bezeichnet. Die seltensten Werte haben den längsten Binärcode. Die Häufigkeitsverteilung der Ton- bzw. Farbwerte erfolgt über ein Histogramm.

2.5.2 LZW-Komprimierung

LZW steht für die Anfangsbuchstaben der Nachnamen der drei Entwickler dieses Komprimierungsverfahrens, Lempel, Ziv und Welch. Das LZW-Verfahren arbeitet verlustfrei. Es beruht auf der Idee, dass sich bestimmte Muster in der Abfolge von Pixeln wiederholen. Bei der Komprimierung wird von der Software eine Musterbibliothek angelegt. Dort werden beim ersten Auftreten die Muster jeweils gespeichert. Tritt ein Muster ein weiteres Mal auf, dann wird nur noch der Bibliotheksindex des Musters gespeichert.

2.5.3 RLE-Komprimierung

RLE, Run Length Coding oder auf Deutsch die Lauflängencodierung, ist das einfachste verlustfreie Kompressionsverfahren. Bei der

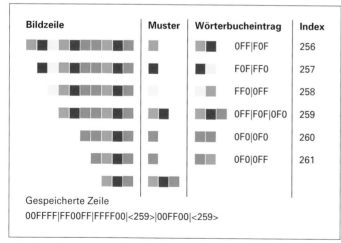

Prinzip der LZW-Komprimierung

Lauflängencodierung wird nicht jedes einzelne Pixel gespeichert, sondern gleichfarbige Pixel in einer Bildzeile werden zusammengefasst. Es wird lediglich die Anzahl der Pixel und deren gemeinsamer Farbwert gespeichert.

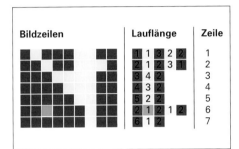

Prinzip der Lauflängencodierung

2.5.4 PNG-Komprimierung

PNG, Portable Network Graphics, wurde als lizenzfreie Alternative zum GIF entwickelt. Das PNG-Format besitzt ein eigenes komplexes Kompressionsverfahren zur verlustfreien Komprimierung. Da PNG außerdem 1- bis 64-Bit-Bilder unterstützt, ist es eine gute Alternative zu GIF und zu JPEG. 64-Bit-Bilder sind RGBA-Bilder, d. h. 16 Bit pro Kanal für RGB plus ein Alphakanal.

PNG wird heute von allen Browsern unterstützt und die etwas größeren Dateien sind im DSL-Zeitalter sicherlich auch kein Argument mehr gegen die Verwendung von PNG.

Filterung

Vor der eigentlichen Komprimierung wird das Bild mit verschiedenen verlustfreien Filtern nacheinander gefiltert.

- *Sub-Filter*
  Differenz zwischen einem Pixel und dem links von ihm stehenden Pixel
- *Up-Filter*
  Differenz zwischen einem Pixel und dem in der darüberliegenden Zeile stehenden Pixel
- *Average-Filter*
  Differenz zum Mittelwert des linken und des oberen Pixels
- *Paeth-Filter*
  Differenz zum linken, schräg links oberen und oberen Pixel

Deflate-Komprimierung

Der Deflate-Algorithmus ist eine Kombination aus der LZ77-Komprimierung von Lempel und Ziv und der Huffman-Komprimierung. Das vorgefilterte Bild wird mit der Deflate-Komprimierung komprimiert und gespeichert.

JPEG Maximum (RGB, 384 KB)

LZW (RGB, 940 KB)

PNG-24 (RGB, 674 KB)

2.6 Aufgaben

1 Auflösung und Farbtiefe erklären

Erklären Sie die beiden Begriffe
a. Auflösung,
b. Farbtiefe.

a.

b.

2 Artefakte erkennen

Was sind Artefakte in digitalen Bildern?

3 Anzahl der Farben berechnen

Wie viele Farben kann ein Bild im RGB-Modus maximal enthalten?

4 Anzahl der Bits berechnen

Wie viele Bit pro Pixel sind notwendig, um 256 Tonwerte abspeichern zu können?

5 EXIF kennen

Was versteht man unter EXIF-Informationen?

6 Dateiformate vergleichen

Worin unterscheiden sich Bilder im JPEG- von Bildern im RAW-Format? Nennen Sie zwei wesentliche Unterschiede.

7 JPEG kennen

Für was steht die Abkürzung JPEG?

8 RAW kennen

Welche Bedeutung haben die drei Buchstaben RAW?

9 Geometrische Bildgröße berechnen

Berechnen Sie die Breite und Höhe eines Bildes in Millimeter bei einem Pixelmaß von 2560 Pixel x 1920 Pixel und einer Auflösung von 240 Pixel/Zoll.

10 Farbenzahl berechnen

Berechnen Sie die Anzahl der Farben/ Kanal bei einer Farbtiefe von 16 Bit.

11 Einheiten zur Bezeichnung der Bildauflösung kennen

Mit welchen Maßeinheiten wird die Auflösung eines digitalen Bildes bezeichnet?

12 Qualitätsfaktor berechnen

a. Wie groß ist der Qualitätsfaktor bei digitalen Halbtonbildern?
b. Welche Auflösung muss ein digitales Bild haben, das mit 70 L/cm gedruckt wird?

a.

b.

13 Bildergröße festlegen

In welchem Verhältnis stehen Bildpixel und Bildschirmpixel bei der Anzeige digitaler Medien auf dem Monitor?

14 Datentiefe, Farbtiefe erklären

Erklären Sie den Begriff Datentiefe.

15 Farbmodus erläutern

Welche Bildeigenschaft wird durch den Farbmodus bestimmt?

16 RGB-Farbwerte erklären

Wie sind die Farben eines digitalen Bildes im RGB-Modus definiert?

17 Bildgrößenänderung einstellen

Nennen Sie Bildparameter, die Sie bei der Bildgrößenänderung in Photoshop modifizieren können.

18 Auflösung berechnen

Mit welcher Auflösung muss eine Halbtonvorlage gescannt werden, die auf 300 % vergrößert und dann im 60er Raster gedruckt wird?

3.1 Monitor kalibrieren

Die korrekte Farbdarstellung der Bilddatei auf dem Monitor ist die Basis für die professionelle Bildbearbeitung. Dazu ist es notwendig, dass ihr Monitor kalibriert bzw. profiliert ist. Monitorprofile beschreiben den Farbraum eines Monitors. Das Farbprofil für Ihren Monitor bekommen Sie vom Monitorhersteller oder Sie erstellen das Profil mit spezieller Hard- und Software wie z.B. *i1Publish Pro 2* der Firma X-Rite. Zur visuellen Kalibrierung nutzen Sie die Systemtools von MacOS oder Windows.

Grundregeln der Kalibrierung
- Der Monitor soll wenigstens eine halbe Stunde in Betrieb sein.
- Kontrast und Helligkeit müssen auf die Basiswerte eingestellt sein.
- Die Monitorwerte dürfen nach der Kalibrierung nicht mehr verändert werden.

- Bildschirmschoner und Energiesparmodus müssen zur Profilierung deaktiviert sein.

Apple Monitorkalibrierungs-Assistent
Auf dem Apple Macintosh können Sie mit dem Monitorkalibrierungs-Assistenten ein Monitorprofil erstellen: Menü *Apple > Systemeinstellungen... > Monitore > Farben > Kalibrieren.*

Windows Kalibrierungs-Assistent
Mit dem Kalibrierungs-Assistenten können Sie Ihren Monitor unter Windows visuell kalibrieren. Er ist Teil des Betriebssystems. Starten Sie den Kalibrierungs-Assistenten über *Systemsteuerung > Darstellung und Anpassung > Anzeige > Bildschirmfarbe kalibrieren* oder durch Aufrufen des Programms dccw.exe. Folgen Sie im Weiteren den Dialogen des Assistenten.

Schritt 1: Gamma anpassen

Bewegen Sie den Schieberegler, bis die Punkte im Testbild nicht mehr sichtbarsind.

Mit dem Gammawert werden die mathematische Beziehung zwischen den an den Bildschirm gesendeten Rot-, Grün- und Blauwerten sowie die von diesem ausgestrahlte Menge Licht definiert.
Zum Anpassen des Gammawerts auf der nächsten Seite versuchen Sie, das Bild so einzustellen, dass dieses wie das Beispielbild mit der Beschriftung "Gamma OK" aussieht.

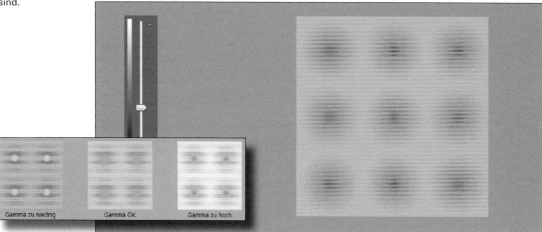

Gamma zu niedrig   Gamma OK   Gamma zu hoch

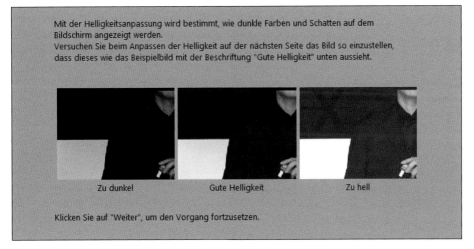

Mit der Helligkeitsanpassung wird bestimmt, wie dunkle Farben und Schatten auf dem Bildschirm angezeigt werden.
Versuchen Sie beim Anpassen der Helligkeit auf der nächsten Seite das Bild so einzustellen, dass dieses wie das Beispielbild mit der Beschriftung "Gute Helligkeit" unten aussieht.

| Zu dunkel | Gute Helligkeit | Zu hell |

Klicken Sie auf "Weiter", um den Vorgang fortzusetzen.

Schritt 2: Helligkeit anpassen

Stellen Sie die Helligkeit der Monitordarstellung mit dem Helligkeitsregler Ihres Monitors ein. Je nach Bauart des Monitors ist dies eine Taste am Monitor oder ein Anzeigeeinstellregler im Bildschirmmenü.

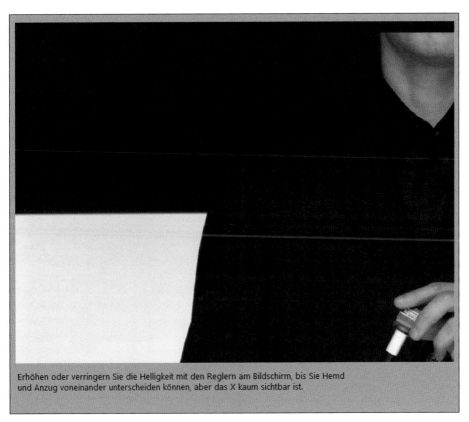

Erhöhen oder verringern Sie die Helligkeit mit den Reglern am Bildschirm, bis Sie Hemd und Anzug voneinander unterscheiden können, aber das X kaum sichtbar ist.

39

Schritt 3: Kontrast anpassen

Stellen Sie den Kontrast der Monitordarstellung mit dem Kontrastregler Ihres Monitors ein. Je nach Bauart des Monitors ist dies eine Taste am Monitor oder ein Anzeigeeinstellregler im Bildschirmmenü.

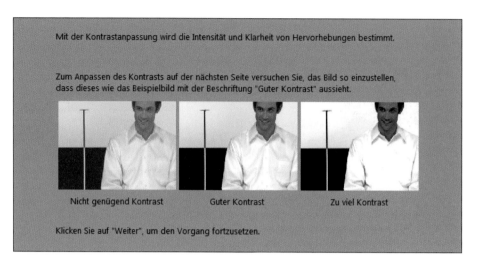

Mit der Kontrastanpassung wird die Intensität und Klarheit von Hervorhebungen bestimmt.

Zum Anpassen des Kontrasts auf der nächsten Seite versuchen Sie, das Bild so einzustellen, dass dieses wie das Beispielbild mit der Beschriftung "Guter Kontrast" aussieht.

Nicht genügend Kontrast   Guter Kontrast   Zu viel Kontrast

Klicken Sie auf "Weiter", um den Vorgang fortzusetzen.

Verwenden Sie den Kontrastregler am Bildschirm, um den Kontrast auf den höchstmöglichen Wert festzulegen. Die Falten und Knöpfe des Hemds sollten aber sichtbar bleiben.

40

Schritt 4: Farbbalance anpassen

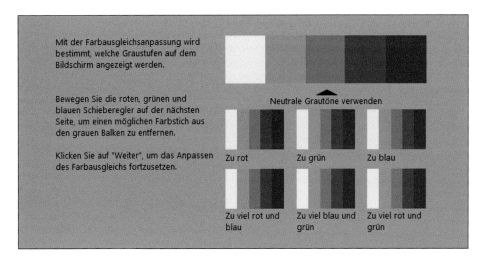

Mit der Farbausgleichsanpassung wird bestimmt, welche Graustufen auf dem Bildschirm angezeigt werden.

Bewegen Sie die roten, grünen und blauen Schieberegler auf der nächsten Seite, um einen möglichen Farbstich aus den grauen Balken zu entfernen.

Klicken Sie auf "Weiter", um das Anpassen des Farbausgleichs fortzusetzen.

Neutrale Grautöne verwenden

Zu rot

Zu grün

Zu blau

Zu viel rot und blau

Zu viel blau und grün

Zu viel rot und grün

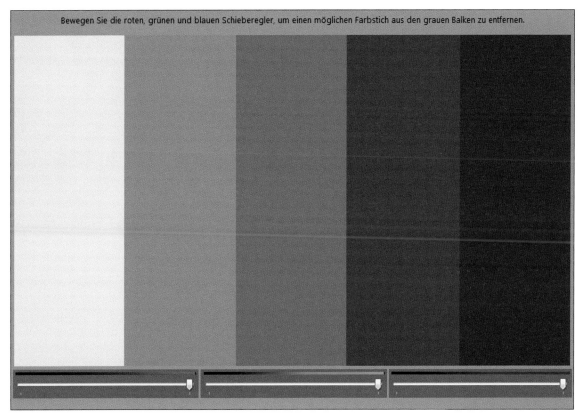

Bewegen Sie die roten, grünen und blauen Schieberegler, um einen möglichen Farbstich aus den grauen Balken zu entfernen.

3.2 Bilddatei öffnen

Sie möchten eine Bilddatei zur Bearbeitung in Photoshop öffnen. Nachdem Sie die Datei ausgewählt und diese mit *Doppelklick* im Dateiordner oder über Menü *Datei > Öffnen...* aufgerufen haben, verlangt Photoshop Ihre Entscheidung zwischen verschiedenen Optionen. Das Dialogfenster erscheint immer dann, wenn das Farbprofil der Bilddatei nicht mit dem Arbeitsfarbraum übereinstimmt oder die Bilddatei kein Profil eingebettet hat.

zesses erfolgt durch sogenannte Farbprofile. Farbprofile sind Datentabellen, in denen die Farbcharakteristik bezogen auf definierte Referenzwerte beschrieben ist. Damit die Kompatibilität zwischen den einzelnen Komponenten des Farbworkflows gewährleistet ist, sind Inhalt und Struktur der Profile genormt.

Farbmanagement C
Sie fotografieren eine Sonnenblume mit Ihrer Digitalkamera. Das Bild soll in einem Bildverarbeitungsprogramm bearbeitet und dann auf einer Website oder in einem Buch veröffentlicht werden.

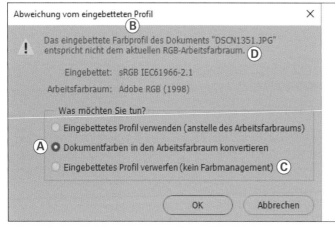

Digital fotografiertes Bild

Öffnen-Dialogfenster
in Photoshop

Unsere Empfehlung steht auf der rechten Seite.

Wie entscheiden Sie sich? Photoshop hat die mittlere Option *Dokumentfarben in den Arbeitsfarbraum konvertieren* **A** voreingestellt. Schauen wir uns vor Ihrer Entscheidung die Parameter näher an.

Farbprofil B
Die Spezifikation der Farbcharakteristik eines Gerätes bzw. eines Ausgabepro-

Jede Station des Workflows, von der Bilddatenerfassung mit der Kamera über die Verarbeitung im Computer mit entsprechender Software und die Darstellung auf dem Monitor bis hin zu Browser oder Proof und Druck, erfordert eine systembedingte Transformation der Farben. Schon die Länge dieses Satzes zeigt die Komplexität des Workflows. Um der Forderung nach Konsistenz der Farben gerecht zu

42

werden, müssen die Art der Farbwie-
dergabe aller Systemkomponenten im
Workflow bekannt sein und aufeinan-
der abgestimmt werden. Hier setzt das
Farbmanagement an. In einem Farbma-
nagement- bzw. Color-Management-
System, CMS, werden die einzelnen
Systemkomponenten des Farbworkflows von der Fotografie über die
Farbverarbeitung bis hin zur Ausgabe
in einem einheitlichen Standard erfasst,
kontrolliert und abgestimmt.

1993 wurde dazu vom International
Color Consortium, ICC, ein einheitlicher
plattformunabhängiger Standard für
Farbprofile und Arbeitsfarbräume definiert. Das Ziel war die Schaffung einer
einheitlichen farbmetrischen Referenz
zur Farbdatenverarbeitung.

Arbeitsfarbraum D

Der Arbeitsfarbraum ist der Farbraum,
in dem Sie die Bearbeitung von Bildern, z. B. Ton- und Farbwertretuschen,
vornehmen. Daraus ergeben sich
verschiedene Anforderungen an einen
Arbeitsfarbraum:
- Der Arbeitsfarbraum umfasst alle
  Prozessfarbräume.
- Der Arbeitsfarbraum ist nicht wesentlich größer als der größte Druckfarbraum, um möglichst wenig Farben zu
  verlieren.
- Die Farbwerte der Primärfarben sind
  definiert.
- Der Gammawert ist festgelegt.
- Der Weißpunkt entspricht der Norm
  von D 50, 5000 K.
- Der Arbeitsfarbraum ist geräte- und
  prozessunabhängig.
- Die Beziehung der Primärfarben ist linear, d. h., gleiche Farbwerte ergeben
  ein neutrales Grau.

CMYK-Farbräume sind immer ge-
räte- bzw. druckprozessbezogen. Es
ist deshalb sinnvoll, in der Bildverar-

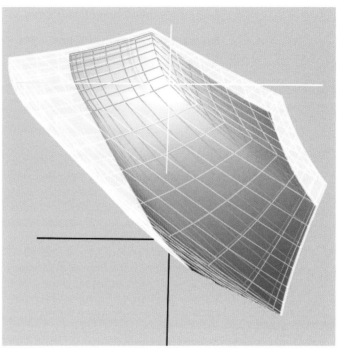

beitung im RGB-Modus und einem
RGB-Arbeitsfarbraum zu arbeiten. In
der Praxis finden meist folgende zwei
RGB-Farbräume als Arbeitsfarbräume
Anwendung:
- *sRGB-Farbraum*
  Kleiner als der Farbraum moderner
  Druckmaschinen, Farbdrucker oder
  Monitore, deshalb nur bedingt für
  den Printworkflow geeignet. Arbeits-
  farbraum für Smartphones, Tablets
  und Digitalkameras.
- *Adobe RGB*
  Farbraum mit großem Farbumfang.
  Besonders geeignet für die Bildbe-
  arbeitung mit dem Ziel Printmedien.
  Adobe RGB ist neben dem sRGB-
  Farbraum in vielen Digitalkameras
  als Kameraarbeitsfarbraum instal-
  liert. Sie können vor der Aufnahme
  zwischen sRGB und Adobe RGB
  auswählen.

**Vergleich Farbraum-
umfang sRGB – Ado-
be RGB**

Der deutlich größere
Adobe RGB-Farbraum
ist weiß dargestellt.

Unsere Empfehlung:
Arbeiten Sie im RGB-
Arbeitsfarbraum.

43

3.3 Farbeinstellungen

3.3.1 Farbeinstellungen festlegen

Bevor Sie mit der Bildverarbeitung in Photoshop beginnen, müssen Sie die Farbeinstellungen überprüfen bzw. neu festlegen. Die Farbeinstellungen stehen unter Menü *Bearbeiten > Farbeinstellungen...*

Einstellungen A
Sie haben die Möglichkeit, eine der von Photoshop angebotenen Grundeinstellungen zu wählen. Für die weitere Arbeit können Sie diese Einstellung modifizieren, wenn Sie diese Farbeinstellung anschließend speichern **B** und in Bridge für alle Programme in Adobe CC synchronisieren. Die Farbeinstellungen werden als *.csf-Datei gespeichert. Sie können dadurch die Farbeinstellungen auch auf andere Computer laden.

Arbeitsfarbräume C
Jedes Bild, das Sie in Photoshop anlegen oder bearbeiten, hat einen bestimmten Farbmodus. Mit der Auswahl des Arbeitsfarbraums definieren Sie den Farbraum innerhalb des Farbmodus, z. B. sRGB oder Adobe RGB.
Wenn Sie unter Menü *Bild > Modus* einen Moduswandel, z. B. von RGB

in CMYK, vornehmen, dann wird der derzeitige Arbeitsfarbraum Ihres Bildes in den von Ihnen eingestellten Arbeitsfarbraum konvertiert.

- Als RGB-Arbeitsfarbraum wählen Sie einen möglichst großen, farbmetrisch definierten Farbraum wie z. B. Adobe RGB oder den eciRGB-Farbraum. Sie können das eciRGB-Farbprofil kostenlos unter www.eci.org herunterladen und auf Ihrem Rechner installieren.
- Für den CMYK-Arbeitsraum wählen Sie das jeweilige Fortdruckprofil oder, falls der Druckprozess noch nicht feststeht, das ISO Coated v2 300% (ECI). Dieses Profil können Sie ebenfalls unter www.eci.org herunterladen.

Farbmanagement-Richtlinien D
Mit den Farbmanagement-Richtlinien bestimmen Sie, wie das Programm bei fehlerhaften, fehlenden oder von Ihrer Arbeitsfarbraumeinstellung abweichenden Profilen reagieren soll. Sie sollten auf jeden Fall immer die drei Häckchen gesetzt haben, damit Sie bei Abweichungen selbst entscheiden können, wie weiter verfahren wird.

Konvertierungsoptionen E
Im Bereich Konvertierungsoptionen

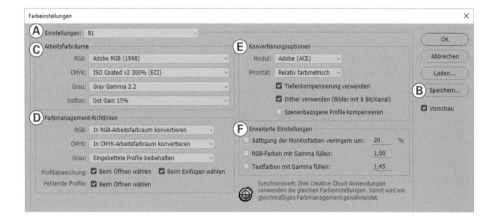

legen Sie fest, nach welchen Regeln und mit welchem Softwaremodul eine Farbmoduswandlung unter Menü *Bild > Modus* durchgeführt wird.

- *Modul*
  Hier legen Sie das Color Matching Modul (CMM) fest, mit dem das Gamut-Mapping durchgeführt wird. Sie sollten immer dasselbe CMM nehmen, da die Konvertierung vom jeweiligen Algorithmus des CMM abhängt.
- *Priorität*
  Die Priorität bestimmt das Rendering Intent der Konvertierung. Für Halbtonbilder wählen Sie *Perzeptiv* zum Gamut-Mapping innerhalb des RGB-Modus und zur Moduswandlung von RGB nach CMYK. Die Einstellung *Farbmetrisch* dient der Konvertierung zum Proofen. Mit *Absolut farbmetrisch* simulieren Sie das Auflagenpapier, mit *Relativ farbmetrisch* bleibt dieses unberücksichtigt. *Sättigung* ist die Option für flächige Grafiken.
- *Tiefenkompensierung*
  Durch das Setzen dieser Option können Sie den Dichteumfang des Quellfarbraums an den des Zielfarbraums anpassen. Dadurch bleiben alle Tonwertabstufungen auch in den Tiefen, den dunklen Bildbereichen, erhalten.
- *Dither anwenden*
  Die Ditheringfunktion bewirkt bei der Farbraumkonvertierung eine bessere Darstellung in den glatten Tönen und Verläufen des Bildes. Sie verhindern durch die Auswahl dieser Option weitgehend die Stufen- bzw. Streifenbildung.

Erweiterte Einstellungen F
Mit den erweiterten Einstellungen können Sie die Darstellung eines großen Arbeitsfarbraums durch einen kleine-

ren Monitorfarbraum anpassen. Diese Einstellungen sind nicht empfehlenswert, da die veränderte Bildschirmdarstellung der Farben eines Bildes keine Rückschlüsse auf die Druckausgabe mehr zulässt.

3.3.2 Farbdarstellung

Die Darstellung der Bilddatei auf dem Monitor wird durch die Farbeinstellungen gesteuert. Unter Menü *Ansicht > Proof einrichten* können Sie z.B. den CMYK-Arbeitsfarbraum als Basis für die Bildschirmdarstellung auswählen. Sie arbeiten dann im RGB-Arbeitsfarbraum, der Monitor zeigt als Softproof das CMYK-Druckbild. Unter Menü *Ansicht > Farbproof* schalten Sie die Option aus und ein.

Mit der Menüoption *Ansicht > Farbumfang-Warnung* können Sie sich die Bildbereiche markiert anzeigen lassen, die außerhalb des Prooffarbraums liegen und nur im großen RGB-Farbraum wiedergegeben werden.

Farbumfang-Warnung
Graue Flächen zeigen die Bereiche der RGB-Datei, die außerhalb des Prooffarbraums liegen.

45

3.4 Aufgaben

1 Monitor profilieren

Welche Punkte müssen Sie beachten, bevor Sie mit der Monitorprofilierung beginnen können?

2 Arbeitsfarbraum erklären

Was ist ein Arbeitsfarbraum?

3 Kenngrößen eines Arbeitsfarbraums nennen

Nennen Sie die wesentlichen Anforderungen, denen Arbeitsfarbräume genügen müssen.

4 Mittleres Grau mit Farbwerten festlegen

Welche RGB-Werte ergeben ein neutrales mittleres Grau?

5 Farbmanagement-Richtlinien erklären

Was regeln die Farbmanagement-Richtlinien?

6 Konvertierungsoptionen kennen

In den Farbeinstellungen vieler Programme können Sie verschiedene Konvertierungsoptionen einstellen. Welche Einstellungen machen Sie unter
a. Modul,
b. Priorität?
c.

a.

b.

7 Color-Management-System kennen

Welche Aufgaben hat ein Color-Management-System?

8 ICC kennen

Welche Organisation verbirgt sich hinter der Abkürzung ICC?

9 Softproof nutzen

a. Was versteht man unter einem Softproof?
b. Welche Bedeutung hat in diesem
Zusammenhang die Farbumfang-
Warnung?

a.

b.

10 Monitor kalibrieren

a. Welchen Parameter kalibrieren Sie
mit diesen Reglern?
b. Wie sieht die Skala farblich bei opti-
maler Einstellung aus.

a.

b.

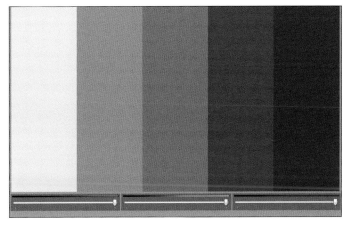

4.1 Basiskorrektur

Digitalkamera, Smartphone, Tablet, Bilddatenbank, soziales Netzwerk … die Bildquellen sind vielfältig. Die technische Qualität der Bilddateien unterscheidet sich abhängig von der Aufnahmehardware und -software sowie der Aufnahmesituation. Neben der bildgestalterischen Qualität müssen Sie deshalb eine Reihe technischer Parameter beachten und ggf. bearbeiten.

In Photoshop können Sie die Korrektur-Dialoge entweder unter Menü *Bild > Korrekturen* aufrufen oder mit den Einstellungsebenen im Fenster *Korrekturen* arbeiten. Die Korrekturen unter Menü *Bild* sind jeweils abgeschlossen. Die Einstellungsebenen können Sie hingegen jederzeit wieder aufrufen und die Einstellungen bearbeiten. Die Korrektur ist erst abgeschlossen, wenn Sie die Einstellungsebene mit einer Bildebene verrechnen.

In unserem Beispiel arbeiten wir mit den Korrekturen aus dem Menü *Bild* und schließen den Korrekturschritt jeweils ab.

Korrektur-Einstellungsebenen in Photoshop

Mit einem Klick auf ein Icon erstellen Sie jeweils eine Einstellungsebene:
- Helligkeit/Kontrast
- Tonwertkorrektur
- Gradationskurven
- Belichtung
- Dynamik
- Farbton/Sättigung
- Farbbalance
- Schwarzweiß
- Fotofilter
- Kanalmixer
- Color LookUp
- Umkehren
- Tontrennung
- Schwellenwert
- Selektive Farbkorrektur
- Verlaufsumsetzung

4.1.1 Licht und Tiefe

Der erste Schritt in der Bildverarbeitung ist immer die Kontrolle und ggf. Korrektur von Licht, Weißpunkt, und Tiefe, Schwarzpunkt, eines Bildes. Dies können Sie einfach mit der *Tonwertkorrektur* durchführen. Das Histogramm zeigt die statistische Verteilung der Tonwerte über den gesamten Tonwertumfang von der Tiefe (links) über die Mitteltöne bis zum Licht (rechts).

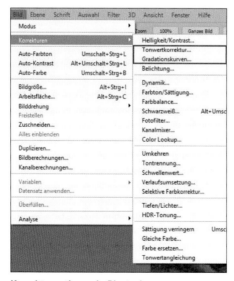

Korrekturoptionen in Photoshop

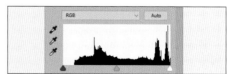

Histogramm der Tonwerte

Making of …

In unserem Beispiel fehlen durch falsche Belichtungseinstellung die Tiefen **A**.

1 Öffnen Sie die Tonwertkorrektur unter Menü *Bild > Korrekturen > Tonwertkorrektur.*

2 Ziehen Sie den Tiefenregler (schwar-zes Dreieck unter dem Histogramm) zum ersten Tiefenwert **B**.

3 Bestätigen Sie die Tonwertkorrektur mit *OK* **D**.

4 Das erneute Aufrufen der Tonwert-korrektur zeigt die neue Tonwert-verteilung **C**. Die Tonwerte wurden auf den gesamten Tonwertumfang gespreizt.

Tonwertkorrektur in Photoshop
Links: unkorrigiert
Rechts: korrigiert

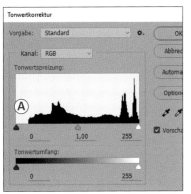
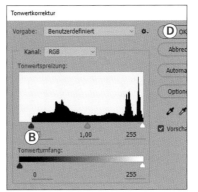
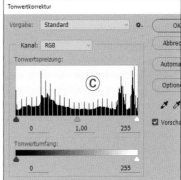

4.1.2 Gradation

Bei der Tonwertkorrektur haben wir die Darstellung der Tonwertverteilung eines Bildes als Histogramm kennengelernt. Im nächsten Korrekturschritt arbeiten wir jetzt mit der Gradationskurve **A**. Die Gradationskurve beschreibt das Verhältnis der Tonwerte zwischen Licht **B** , hellste Bildstelle, und Tiefe **C**, dunkelste Bildstelle, als Übertragungskennlinie.

Gradationskurve

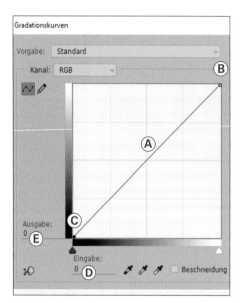

Vor der Gradationskorrektur sind die Eingabewerte **D** (Tonwerte der Arbeitsdatei) gleich den Ausgabewerten **E** (Tonwerte der Ausgabedatei).

Der Verlauf der Gradationskurve ist geradlinig mit einem Steigungswinkel von 45°. Der Tangens des Steigungswinkels heißt Gamma γ (tan 45° = 1). Der Tonwertumfang der Arbeitsdatei und der Tonwertumfang der Ausgabedatei sind gleich. Somit ist die Tonwertübertragung von der Arbeitsdatei zur Ausgabedatei proportional. Den

Gammawert haben Sie schon bei der Tonwertkorrektur kennengelernt. Er steht als Zahlenwert unter dem Mitteltonregler im Einstellungsfenster der Tonwertkorrektur **F**. Der Standardwert ist $\gamma = 1,0$.

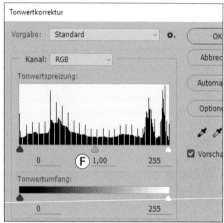

Making of …

Die Mitteltöne sollen aufgehellt werden.

- *Korrekturmöglichkeit 1*: Änderung des Gammawerts mit der Tonwertkorrektur

1 Öffnen Sie das Tonwertkorrekturfenster unter Menü *Bild > Korrekturen > Tonwertkorrektur…*

2 Erhöhen Sie den Gammawert durch numerische Eingabe oder durch Ziehen des Mitteltonreglers **F** nach links.

3 Kontrollieren Sie das visuelle Ergebnis auf dem Monitor. Modifizieren Sie ggf. die numerische Eingabe bzw. die Reglerstellung.

4 Bestätigen Sie die Korrektur mit *OK*.

- *Korrekturmöglichkeit 2*: Anpassung der Gradationskurve

1 Öffnen Sie das Tonwertkorrektur-fenster unter Menü *Bild > Korrek-turen > Gradationskurven...*

2 Klicken Sie die Gradationskurve **G**

an und ziehen Sie die Kurve in die gewünschte Richtung.

3 Kontrollieren Sie das Ergebnis auf dem Monitor. Modifizieren Sie ggf. den Verlauf der Gradationskurve.

4 Bestätigen Sie die Korrektur mit *OK*.

Gradationskorrektur in Photoshop
Links: unkorrigiert
Rechts: korrigiert

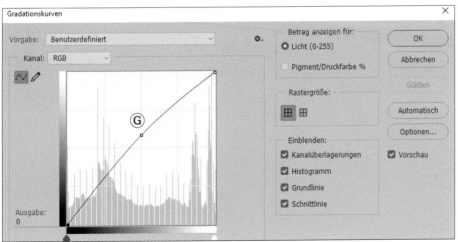

Wir arbeiten hier im RGB-Modus. Falls Sie im CMYK-Modus Pig-ment/Druckfarbe %) arbeiten, dann kehrt sich der Tonwertver-lauf um. Im Nullpunkt steht das Papierweiß.

51

Grundgradationen

Die Modifikation der Gradationskurven erlaubt Ihnen eine differenziertere Korrektur der Tonwerte als die Funktion *Tonwertkorrektur*. Statt die Korrekturen mit nur drei Variablen (Lichter, Tiefen und Mitteltöne) vorzunehmen, können Sie hier jeden Punkt der von 0 bis 255 bzw. 0 % bis 100 % reichenden Kurve verändern. Die Wirkung der Korrektur lässt sich durch Ankerpunkte, die Sie durch Klicken auf die Kurve setzen, gezielt auf bestimmte Tonwertbereiche beschränken. Eine Aufsteilung eines Tonwertbereichs führt immer zur Kontraststeigerung. Da der Tonwertumfang zwischen Licht und Tiefe festgelegt ist, wird dabei zwangsläufig der Kontrast in den anderen Tonwertbereichen durch eine Verflachung reduziert.

Im Folgenden sind fünf idealtypische Grundgradationen dargestellt. Ausgangspunkt für die Gradationskorrekturen war jeweils die Grundgradation $\gamma = 1$. Die Grauskalen und die Histogramme sollen Ihnen die Veränderung des Tonwertverlaufs veranschaulichen. In der Praxis wählen Sie eine der Gradationen und passen die Einstellungen an die gegebene Bildcharakteristik an.

Grundgradation 1
Proportionale Tonwertübertragung

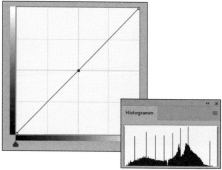

Grundgradation 1
Tonverdichtung von den Lichtern über die Vierteltöne bis zu den Mitteltönen, Tonwertspreizung von den Mitteltönen über die Dreivierteltöne bis zu den Tiefen

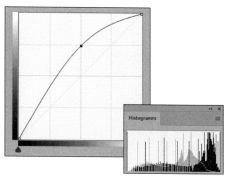

52

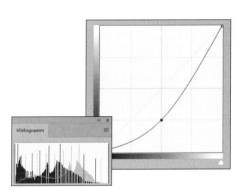

Grundgradation 3

Tonwertspreizung von den Lichtern über die Vierteltöne bis zu den Mitteltönen, Tonwertverdichtung von den Mitteltönen über die Dreivierteltöne bis zu den Tiefen

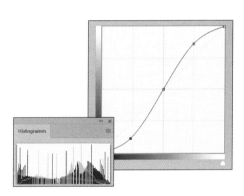

Grundgradation 4

Tonwertspreizung von den Vierteltönen über die Mitteltöne bis zu den Dreivierteltönen, Tonwertverdichtung in den Lichtern und den Tiefen

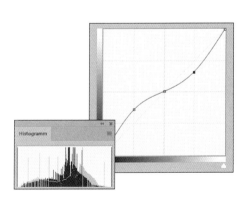

Grundgradation 5

Tonwertverdichtung von den Vierteltönen über die Mitteltöne bis zu den Dreivierteltönen, Tonwertspreizung in den Lichtern und den Tiefen

53

4.1.3 Bildschärfe

Ist das Bild scharf? Ist das Bild in allen Bereichen scharf?

Die Bildschärfe ist keine Größe, die wie z. B. die Bildauflösung oder der Farbmodus eindeutig durch Kenngrößen definiert ist. Visuell werden Bildbereiche, in denen Details deutlich zu erkennen sind, als scharf bewertet. Bildbereiche, die keine klaren Details und Strukturen zeigen, gelten als unscharf. Die Schärfe eines digitalen Bildes wird durch

mehrere Faktoren beeinflusst. An erster Stelle stehen natürlich die Schärfefaktoren der Fotografie: Kamera, Objektiv, Blende, Sensor, Kameraeinstellungen und Signalverarbeitung. Alles Faktoren, die wir in der Bildbearbeitung natürlich nicht mehr beeinflussen können. Wir können aber die technischen Parameter eines Bildes bearbeiten. Die digitale Schärfe wird bestimmt durch Helligkeit und Kontrast, Auflösung, Farbigkeit und Tonwertumfang. Alle Bildverarbeitungsprogramme bieten Funktionen zum Schärfen oder Weichzeichnen an. Stehen in Ihrer Bildverarbeitungssoftware mehrere Funktionen zur Verfügung, dann wählen Sie immer die mit der größten Bandbreite an Einstellungen.

Scharfzeichnen
Die Funktion Scharfzeichnung heißt in Bildverarbeitungsprogrammen auch Unscharfmaskierung (USM) oder Detailkontrast. Der Begriff Detailkontrast

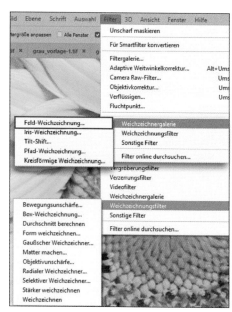

Scharfzeichnungsfilter in Photoshop

Weichzeichnergalerie/Weichzeichnungsfilter

beschreibt anschaulich das Prinzip der Scharfzeichnung: Der Kontrast benachbarter Pixel wird erhöht. Dadurch erscheint uns das Bild schärfer. Es ist aber eine nachträglich errechnete und keine echte Schärfe des Motivs oder der Vorlage.

Filter Unscharf maskieren…
Der Filter Unscharf maskieren… ist ein klassischer Scharfzeichnungsfilter, den es auch in anderen Bildverarbeitungsprogrammen, z. B. GIMP, gibt.

Die Einstellungsmöglichkeiten erlauben es Ihnen, die Bildschärfe fein abgestimmt zu bearbeiten:

- *Stärke* **A**
  Mit dem Stärkeregler stellen Sie die Steigerung des Kontrasts benachbarter Pixel ein. Je höher der Wert, desto stärker werden die dunklen Pixel abgedunkelt und die hellen Pixel an einer Kante aufgehellt. Die Stärke ist von 0 % bis 500 % stufenlos einstellbar. In der Praxis reichen Werte zwischen 100 % und 150 % aus.

- *Radius* **B**
  Der Radius bestimmt, wie weit die Kontraststeigerung von der Kante in die Fläche hinein wirkt. In der Praxis

hat sich die Einstellung auf 2 Pixel bei 300 ppi Bildauflösung bewährt.

- *Schwellenwert* **C**
  Mit der Einstellung des Schwellenwerts, legen Sie den Tonwertunterschied fest, ab dem die Scharfzeichnung wirkt.

Weichzeichnen

Unscharf maskieren in Photoshop

Links: unkorrigiert
Rechts: korrigiert
- Stärke: 100 %
- Radius: 2 px
- Schwellenwert: 5 Stufen

Boke oder Bokeh [jap.]:
verwirrt, unscharf, verschwommen

ぼけ

Weichzeichnen in Photoshop
Feld-Weichzeich-nung...
Links: unbearbeitet
Rechts: bearbeitet

Weichzeichnungsfilter arbeiten ebenfalls nach dem Prinzip des Pixelvergleichs. Weichzeichnungsfilter glätten Übergänge, indem sie Durchschnittswerte der Pixel berechnen, die sich neben harten Kanten von Linien und Schatten mit deutlichen Farbübergängen befinden. Sie verringern den Kontrast benachbarter Pixel nicht. Das Bild erscheint dadurch weniger scharf oder positiv ausgedrückt weicher.

Beim Scharfzeichnen geht es meist zunächst darum, die fotografische Aufnahme zu optimieren. Das Weichzeichnen ist dagegen stärker ein Gestaltungsmittel in der Bildbearbeitung.

Wir möchten Ihnen als Beispiel den Filter *Feld-Weichzeichnung...* aus der Weichzeichnergalerie in Photoshop vorstellen.

Feld-Weichzeichnung...

Bei der Aufnahme können Sie den Schärfentiefebereich festlegen. Die bestimmenden Faktoren sind die Brennweite des Objektivs und die eingestellte Blende. Eine kleine Brennweite und eine kleine Blende ermöglichen Aufnahmen mit großem Schärfentiefebereich. Motivbereiche, die außerhalb des Schärfentiefebereichs liegen, werden in der Aufnahme unscharf abgebildet. In unserem Beispiel geht der Schärfebereich über das gesamte Motiv. Gestalterisch wäre es besser, die Figur scharf und den Hintergrund unscharf abzubilden. Wir realisieren dies mit dem Filter *Feld-Weichzeichnung...*

Man bezeichnet die ästhetischen Möglichkeiten des fotografischen Gestaltungsmittels der Unschärfe mit dem japanischen Begriff Bokeh.

Making of ...

1 Duplizieren Sie die Hintergrundebene. Ziehen Sie dazu im Ebenen-Fenster die *Hintergrundebene* **A** auf das Icon *Neue Ebene erstellen* **B**.
2 Öffnen Sie den Feld-Weichzeich-

56

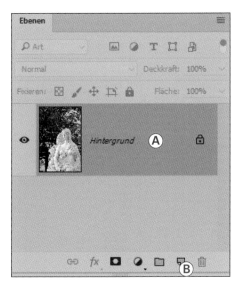 

nungs-Filter unter Menü *Filter >*
Weichzeichnergalerie > Feld-Weich-
zeichnung...

3 Positionieren Sie den *Weichzeichner*
   C mit gedrückter Maustaste.

4 Regeln Sie die Stärke der Weich-
   zeichnung durch Ziehen des kreisför-

migen Reglers **D**.

5 Erstellen Sie eine Ebenenmaske
   durch Klicken auf das Icon *Ebenen-*
   maske hinzufügen **E**.

6 Maskieren Sie mit dem Pinsel die
   weichgezeichneten und nicht weichgezeichneten Bereiche. Mit Schwarz

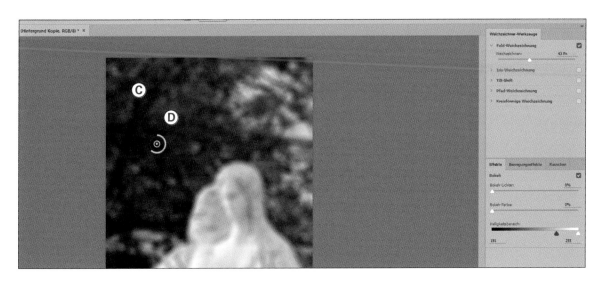

markieren Sie Flächen, die nicht
weichgezeichnet werden sollen. Mit
Weiß vergrößern Sie die weichge-
zeichnete Fläche.

7 Reduzieren Sie die Bilddatei auf die
Hintergrundebene im Kontextmenü
des Ebenen-Fensters **F** *Auf Hintergrundebene reduzieren*.

8 Speichern Sie die Datei im Zieldateiformat.

4.1.4 Weißabgleich – Farbbalance

Welche Farbe hat der Fensterrahmen?

Farbstich

Die Kamera hat bei der Aufnahme das warme gelbliche Licht, das von den Fensterrahmen reflektiert wurde, aufgenommen. Tatsächlich sind die Fensterrahmen weiß. Aber nicht nur der Fensterrahmen, sondern das ganze Bild hat einen Gelbstich. Sie würden in der Bewertung der Farbwahrnehmung den falschen Farbeindruck automatisch korrigieren. Die Farbwahrnehmung erfasst nicht die absoluten, messbaren Farben, sondern die Farbverhältnisse. Dies bedeutet, dass Sie auch unter sich ändernder Beleuchtung Farben richtig

erkennen können. Hinzu kommt Ihre Erfahrung über die Farben der Welt. Jeder hat eine klare Vorstellung vom Rot einer Tomate oder vom Weiß eines Fensterrahmens.

Digitalkameras leisten diese Anpassung durch den Weißabgleich. Hierbei wird das Verhältnis von Rot, Grün und Blau, abhängig von der Beleuchtung, so gewählt, dass farblich neutrale Flächen auch in der Aufnahme farblich neutral wiedergegeben werden. Gerade bei Mischbeleuchtung, z. B. Sonnenlicht und gleichzeitiger künstlicher Beleuchtung, gelingt ein neutraler Weißabgleich nicht immer optimal. Als Grundregel gilt, dass der Weißabgleich immer auf die Hauptbeleuchtung abgestimmt werden sollte.

Making of …

Durch Beleuchtung mit nicht neutralem Licht oder fehlerhaftem Weißabgleich bei der Aufnahme sind die Farben aus der Balance geraten. Das Ergebnis ist ein Farbstich.

Sie haben wie immer mehrere Möglichkeiten, den Farbstich zu neutralisieren. Wir korrigieren in unserem Beispiel mit der *Tonwertkorrektur*. Bei dieser Korrektur können wir gleich den Tonwertverlauf mit Licht und Tiefe bearbeiten.

Farbstich
durch fehlerhaften Weißabgleich bei der Aufnahme
Links: unkorrigiert
Rechts: korrigiert

1 Stellen Sie als Vordergrundfarbe ein gebrochenes Weiß ein. Öffnen Sie dazu mit einem Klick auf die Vordergrundfarbe **A** im Werkzeug-Fenster die Farbauswahl.

2 Geben Sie als RGB-Werte für alle drei Farbkanäle denselben Wert ein **B**. Wir nehmen in unserem Beispiel dreimal 230.

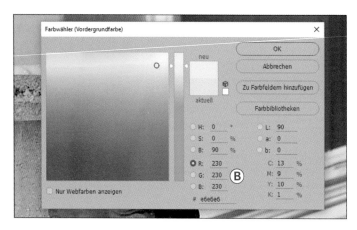

3 Öffnen Sie das Tonwertkorrektur-fenster unter Menü *Bild > Korrekturen > Tonwertkorrektur…*

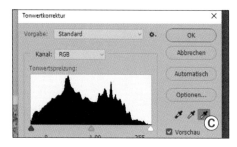

4 Wählen Sie die Lichter-Pipette aus **C**.

5 Klicken Sie mit der Lichter-Pipette im Bild auf eine Bildstelle, die diesen Weißton bekommen soll **D**. Die Farbbalance wird im gesamten Bild korrigiert.

6 Optimieren Sie die Tonwerte im Bild: Licht/Tiefe und Gammakorrektur.

7 Optimieren Sie die Bildschärfe, z.B. mit Menü *Filter > Scharfzeichnungsfilter > Unscharf maskieren…*

4.2 RAW-Entwicklung

Sie haben die Basiskorrekturen der Bildbearbeitung kennengelernt: Tonwertkorrektur, Gradation, Bildschärfe und Weißabgleich. Korrekturen, die grundsätzlich bei allen Bilddateien notwendig sind und die Sie mit allen Bildbearbeitungsprogrammen ausführen können. Wir möchten Ihnen jetzt mit der RAW-Entwicklung im Camera Raw-Dialog in Photoshop oder Bridge einen anderen ebenso professionellen Weg der Bildkorrektur und -optimierung zeigen. Das Werkzeug heißt Camera Raw, Sie können damit aber auch JPEG-, TIFF- und PNG-Dateien in derselben Weise wie RAW-Dateien bearbeiten.

Aufgabenstellung
Graustufenumsetzung mit Farbtonung

4.2.1 Bilddatei öffnen

Sie können das Bild mit Camera Raw in Photoshop oder in Bridge entwickeln.

Bilddatei in Bridge öffnen
In Bridge können Sie eine oder auch mehrere Bilddateien gleichzeitig mit Camera Raw bearbeiten.

Bei der Entwicklung werden nur die Einstellungen in Camera Raw gespeichert. Die Einrechnung erfolgt jeweils erst beim Speichern des Bildes.

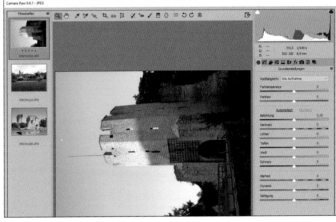

RAW-Entwicklung
Oben: Grundeinstellungen von Camera Raw in Bridge

Links: Aufnahme
Rechts: nach der Entwicklung

Making of …

1 Wählen Sie die Bilddatei oder die
Bilddateien aus.

2 Öffnen Sie die Bilddatei über das
Kontextmenü *In Camera Raw öffnen*… **A**

Bridge: In Camera
Raw öffnen…

Bilddatei in Photoshop öffnen
Beim Öffnen von RAW-Dateien star-
tet automatisch Camera Raw und Sie
können direkt mit der Entwicklung beginnen. JPEG-, TIFF- und PNG-Dateien
bearbeiten Sie als Smartobjekt.

RAW-Entwicklung Grundeinstellungen von Camera Raw in Photoshop

Making of …

1 Öffnen Sie mit Menü *Datei > Als
Smartobjekt öffnen*…

2 Öffnen Sie Camera Raw mit Menü
Filter > Camera Raw-Filter…

Sie können den Camera Raw-Filter auch
nutzen, wenn Sie die Bilddatei über
Doppelklick oder über Menü *Datei >
Öffnen*… direkt öffnen. Allerdings wird
die Bearbeitung nach der Bestätigung
eingerechnet und ist damit abgeschlossen. Beim Smartobjekt können Sie
Camera Raw immer wieder aufrufen
und die Bearbeitung fortsetzen. Doppel-
klicken Sie dazu auf Camera Raw-Filter
B im Ebenen-Fenster.

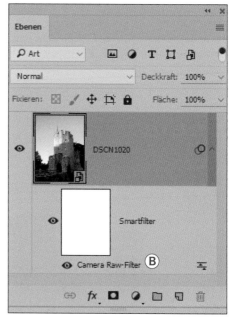

Photoshop oder Bridge?
Camera Raw hat in Photoshop und
Bridge im Wesentlichen dieselben
Funktionen. Wir werden in unserem

Beispiel die Entwicklung in Photoshop machen. Alle Einstellungen sind in gleicher Weise auch in Bridge möglich. Wichtig ist noch: In Photoshop Camera Raw können Bilder nicht gedreht werden. Wir haben das Bild deshalb mit Menü *Bild > Bilddrehung > 90° Im Uhrzeigersinn* vor dem Öffnen des Camera Raw-Filters gedreht.

4.2.2 Grundeinstellungen

In den Grundeinstellungen von Camera Raw führen Sie die Basisentwicklung durch. Die wesentlichen Parameter haben Sie bei den klassischen Basiskorrekturen in Photoshop schon kennengelernt.

Histogramm
Im Camera Raw-Fenster steht rechts oben das Histogramm mit der Tonwertverteilung. Die drei Farbkanäle Rot, Grün und Blau werden als Farbebenen dargestellt. Wenn sich alle Farbkanäle überlappen, ist der Bereich weiß. Überlappungen von zwei Grundfarben sind entsprechend den Regeln der additiven Farbmischung Cyan, Magenta oder Gelb.

Die Anzeige der Beschneidung von Tonwerten im Bild aktivieren Sie durch Klicken auf den Schalter **A** (Warnung vor Tiefenbeschneidung) und den Schalter **B** (Warnung vor Lichterbeschneidung). Bildbereiche, die in allen

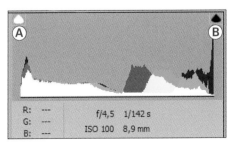

drei Farbkanälen den Wert null haben werden blauviolett angezeigt. Bereiche, die in den Lichtern den Maximalwert haben, sind als rote Fläche markiert. Beide Extreme, die unterbelichteten Tiefen und die überbelichteten Lichter, enthalten keine Bildinformation. Sie können die Tiefen zwar heller und die Lichter dunkler machen, die Details bleiben aber verloren.

Anzeige der Tiefenbeschneidung

Die blauvioletten Bereiche sind schwarz ohne Zeichnung (Rot: 0, Grün: 0 und Blau: 0).

Farbtemperatur
Die Farbtemperatur beschreibt die Farbe des Lichts. Wir sprechen von warmem oder kaltem Licht. Damit sind die Anteile des Spektrums des emittierten Lichts der Lichtquelle bewertet. Warmes Licht hat einen höheren Rotanteil, kaltes Licht einen höheren Blauanteil. Im neutral weißen Licht sind alle Wellenlängen gleichgewichtig enthalten. Die Maßeinheit der Farbtem-

63

peratur ist Kelvin [K], die SI-Einheit für die Temperatur.

Farbtemperaturen

Verschiedene Lichtquellen

Lichtquelle	Farbtemperatur
Kerzenlicht	ca. 1900 K
Glühlampe	ca. 2400 K
Mondlicht	ca. 4100 K
Sonnenlicht	5600 K – 6500 K
bedeckter Himmel	6500 K – 7000 K
blauer Himmel	12000 K – 27000 K
Normlicht D50	5000 K
Normlicht D65	6500 K

Farbtemperaturen

Relative spektrale Energieverteilung

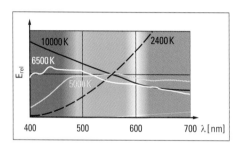

Weißabgleich

Making of …

1 Wählen Sie das Weißabgleich-Werkzeug **A**.

2 Klicken Sie auf eine Bildstelle, die Sie neutral stellen möchten. Der Weißabgleich, die Farbbalance, wird automatisch im gesamten Bild korrigiert.

3 Optimieren Sie die automatische Korrektur durch manuelle Einstellungen **B**.

Tipp

Sie können *Vorher* und *Nachher* vergleichen, indem Sie auf *Vorher/Nachher*-Ansichten C klicken. In allen Einstellungsfenstern wird durch einen Doppelklick auf den Schieberegler die Einstellung jeweils auf null zurückgesetzt.

Transformieren

Die Horizontlinie steht schräg, die bild-
bestimmende Senkrechte steht schräg,
beides sind häufige geometrische
Bildfehler. In Camera Raw können Sie
diese Fehler mit dem Transformieren-
Werkzeug korrigieren.

Making of …

1. Wählen Sie das Transformieren-
   Werkzeug **A** aus. Das Werkzeug-
   Fenster zeigt verschiedene Funkti-
   onen zur Korrektur.

2. Klicken Sie auf das Icon *Automatische Perspektivkorrektur* **B**.

3. Optimieren Sie die automatische
   Korrektur durch manuelle Einstellungen. Zur besseren Orientierung
   blenden Sie das Raster **C** ein.

4. Klicken Sie auf das *Hand*-Icon **D**, um
   die Transformation zu beenden und
   zu den Grundeinstellungen zurückzu-
   kehren.

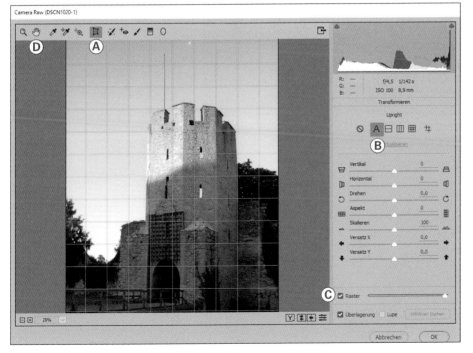

Transformieren

65

Belichtung und Tonwertbereiche

Für die Belichtungskorrektur gibt es in Camera Raw zwei Optionen: *Automatisch* **A** und *Standard* **B**. Standard bedeutet, dass Sie die Einstellungen vollständig selbst machen. Bei Automatisch wird vom Programm die Tonwertcharakteristik analysiert und daraus eine Reglerstellung abgeleitet. In unserem Beispiel führt die Automatik zu einer Überbelichtung der Lichter, zu erkennen an den roteingefärbten Bereichen **C**.

Making of ...

1 Machen Sie eine automatische Belichtungs- und Tonwertkorrektur.

2 Regeln Sie die verschiedenen Parameter visuell nach. Es gibt drei Möglichkeiten:
   * Belichtung reduzieren **D**: Die Änderung wirkt sich auf das gesamte Bild aus.
   * Lichter reduzieren **E**: Die Änderung wirkt sich nur auf die Lichter aus.
   * Weiß reduzieren **F**: Die Änderung wirkt sich nur auf weiße Flächen aus. Wir wählen diesen Parameter.

Belichtungs- und Tonwertkorrektur

Automatik, Überbelichtung in den Lichtern

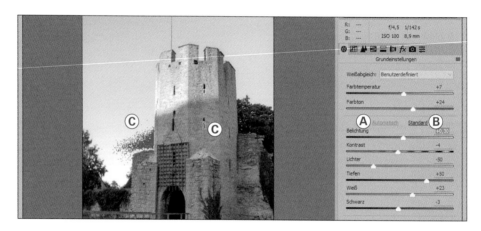

Belichtungs- und Tonwertkorrektur

Manuelle Korrektur der Überbelichtung in den Lichtern

Klarheit, Dynamik und Sättigung

Die drei Regler sind in Camera Raw zu einer Gruppe zusammengefasst. Um die Wirkung der Regelung visuell beurteilen zu können, sollten Sie die Ansicht auf 100 % stellen **A**.

- *Klarheit* **B**
  Die Einstellgröße Klarheit verstärkt den Kontrast im Bild. Sie wirkt ähnlich wie die Unscharfmaskierung in Photoshop. Allerdings können Sie nur hier die Stärke einstellen. Im Details-Fenster **B** können Sie die Bildschärfe exakter regeln.
- *Dynamik* **C**
  Mit dieser Einstellgröße erhöhen oder verringern Sie die Sättigung der Farben. Gering gesättigte Farben werden stärker verändert.
- *Sättigung* **D**
  Hier wird die Sättigung linear in allen Bildfarben gleichmäßig verändert.

Making of …

1 Stellen Sie die Zoomstufe der Voransicht auf 100 % **A**.

2 Wählen Sie das Hand-Werkzeug **E**.

3 Gehen Sie mit dem Cursor in die Vorschau.

4 Wählen Sie mit gedrückter Maustaste einen geeigneten Bildausschnitt zur visuellen Beurteilung der Einstellungen.

5 Optimieren Sie das Bild durch Regelung der Einstellungsgrößen.

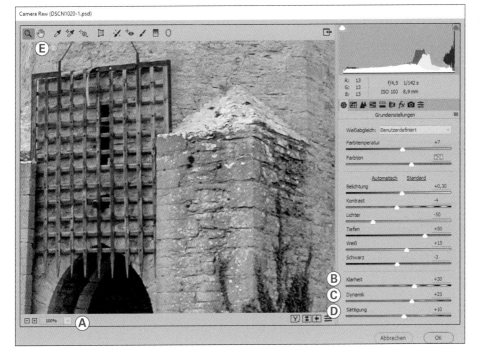

Klarheit, Dynamik und Sättigung

4.2.3 Gradationskurve

Gradationskurven und die fünf Grundgradationen haben Sie bereits kennengelernt. Auch in Camera Raw können
Sie über die Gradationskurve **A** den
Tonwertverlauf im Bild steuern.

Parametrische Korrektur
Sie steuern den Verlauf der Gradations-
kurve durch Regelung der Parameter
für:
- Lichter
- Helle Farbtöne, Vierteltöne
- Dunkle Farbtöne, Dreivierteltöne
- Tiefen

Punktgesteuerte Korrektur
Sie setzen durch Mausklick die Refe-
renzpunkte auf der Gradationskurve.
Durch Ziehen der Punkte verändern

Sie den Kurvenverlauf. Ankerpunkte löschen Sie durch Ziehen der Punkte über
den Rand des Kurvenfensters hinweg.

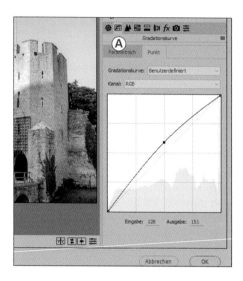

Gradationskurve

Oben: Punktsteuerung
Unten: Parametrische
Steuerung

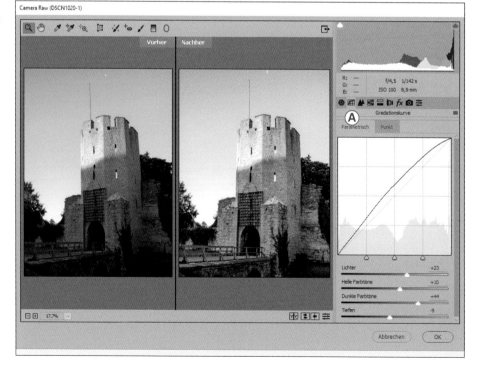

68

4.2.4 Details

Auf der Registerkarte *Details* **A** bietet Camera Raw zwei Funktionen: *Schärfen* und *Rauschreduzierung*. Bilder weichzeichnen kann man in Camera Raw nicht.

Um die Wirkung der Regelung der Schärfe und der Rauschreduzierung visuell beurteilen zu können, sollten Sie die Ansicht auf 100 % oder höher einstellen **B**.

Mit dem Button *Ansichtwechsel* **C** können Sie die Darstellung im Vorschaufenster für diese Registerkarte zwischen den aktuellen Einstellungen und den Standardeinstellungen umschalten.

Schärfen D
Die Einstellmöglichkeiten sind mit dem

Unscharf maskieren-Filter in Photoshop vergleichbar.

- *Betrag*
  Mit dem Betragregler stellen Sie die Steigerung des Kontrasts benachbarter Pixel ein. Je höher der Wert, desto stärker werden die dunklen Pixel abgedunkelt und die hellen Pixel an einer Kante aufgehellt.
- *Radius*
  Der Radius bestimmt, wie weit die Kontraststeigerung von der Kante in die Fläche hinein wirkt.
- *Detail*
  Mit der Einstellung Detail legen Sie den Tonwertunterschied fest, ab dem die Scharfzeichnung wirkt.
- *Maskieren*
  Mit dem Regler Maskieren steuern Sie eine Konturmaske. Bei der Einstellung 0 wird das Bild in allen Be-

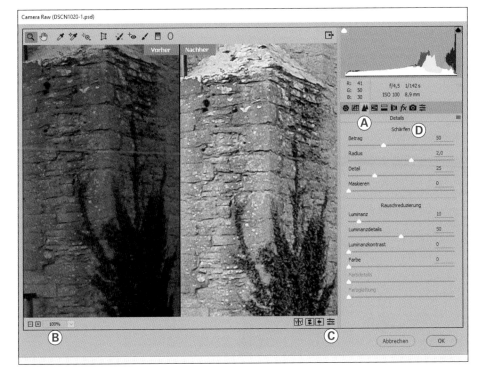

Details

Bildschärfe und Rauschreduzierung

reichen gleich stark geschärft. Je höher die Einstellung der Maskierung, desto stärker werden nur die Bereiche der Konturen scharfgezeichnet.

Rauschreduzierung A

Das Bildrauschen ist ein Bildfehler in digitalen Bildern. Das Bild erscheint krisselig mit hellen und dunklen farbigen Punkten. Wir unterscheiden das Luminanzrauschen und das Farbrauschen. Das Luminanzrauschen äußert sich in der Körnigkeit des Bildes, das Farb- oder Crominanzrauschen erzeugt im Bild farbige Strukturen und Effekte.

- *Luminanz*
  Reduziert Luminanzstörungen durch Weichzeichnen.
- *Luminanzdetails*
  Steuert den Schwellenwert für Reduzierung der Luminanzstörungen. Je höher der eingestellte Wert, umso mehr Details bleiben erhalten.

- *Luminanzkontrast*
  Steuert den Luminanzkontrast. Wirkt dem Weichzeichnen entgegen.
- *Farbe*
  Reduziert das Farbrauschen.
- *Farbdetails*
  Steuert den Schwellenwert für Reduzierung der Farbstörungen.
- *Farbglättung*
  Wirkt vor allem in Farbflächen. Reduziert das Farbrauschen durch Weichzeichnen.

Tipp

Drücken Sie beim Ziehen eines Reglers die Alt-Taste. Die Anzeige im Vorschaufenster wechselt in Schwarz/Weiß. Der Flächenanteil verändert sich je nach Reglerstellung und zeigt so die Bereiche, die scharfgezeichnet (weiß) oder maskiert (schwarz) werden.

Rauschreduzierung

4.2.5 HSL/Graustufen

HSL, Farbton (Hue) **A**, Sättigung (Saturation) **B** und Helligkeit (Luminanz) **C**, sind die drei unabhängigen Parameter, die eine Farbe definieren.

- *Farbton* **H**
  Der Farbton ist durch die Position im Farbkreis festgelegt. Mit den Farbreglern bewegen Sie den Farbort bei gleichbleibendem Radius in einer Ebene des Farbsystems.
- *Sättigung* **S**
  Die Sättigung beschreibt die Farbkraft. Mit den Reglern bestimmen Sie das Verhältnis von Bunt und Unbunt.
- *Helligkeit* **L**
  Die Helligkeit wird durch das Verhältnis des Farbtons zu Schwarz oder Weiß bestimmt.

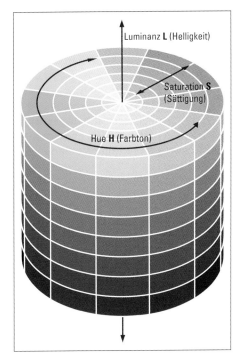

HSL-Farbmodell

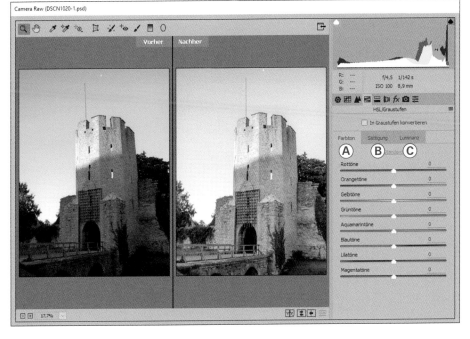

Farbkorrektur im HSL-Farbmodell

- Hue H (Farbton)
- Saturation S (Sättigung)
- Luminanz L (Helligkeit)

71

In Graustufen konvertieren

Ein Klick und aus einem Farbbild wird ein Graustufenbild. Im Prinzip ja, meist müssen Sie aber nacharbeiten. In unserem Beispiel wurde der Himmel zu hell dargestellt, die Pflanzen waren zu dunkel. Wenn das Ergebnis nach der Korrektur der Farbbereiche noch nicht zufriedenstellend ist, dann können Sie auch in den anderen Registerkarten z. B. den Kontrast verändern und das Bild so weiter optimieren.

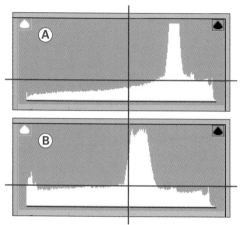

In Graustufen konvertieren

Mit HSL/Graustufen, Darstellung der Tonwertverteilung im Histogramm **A**

Optimierung

Mit Grundeinstellungen, Darstellung der Tonwertverteilung im Histogramm **B**
- gleichmäßigere Tonwertverteilung
- Verschiebung der bestimmenden Tonwerte in Richtung Mitteltöne

4.2.6 Teiltonung

Die Bilddatei ist auch nach der Grau-
stufenkonvertierung in Camera Raw
noch im RGB-Modus gespeichert. Der
Entwicklungsprozess ist zerstörungsfrei
und somit bleibt auch die Farbinformation erhalten.

Die Verteilung der drei Farbkanäle zeigt das Histogramm. Durch die
Färbung verschiebt sich die Gewichtung der Farbbalance im Vergleich zum
Graustufenbild.

Making of ...

1 Öffnen Sie die Registerkarte *Teiltonung* **A**.

2 Wählen Sie für die *Lichter* **B** einen
Farbton.

3 Stellen Sie die *Sättigung* **C** ein.

4 Wählen Sie für die *Tiefen* **D** einen
Farbton.

5 Stellen Sie die *Sättigung* **E** ein.

6 Regeln Sie mit dem Abgleich-Regler
F die *Farbbalance* zwischen Licht und
Tiefe.

7 Korrigieren Sie ggf. die Einstellungen
in den anderen Registerkarten.

8 Schließen Sie die Bearbeitung mit
OK **G** ab.

Teiltonung

73

4.2.7 Bilddatei speichern

Die entwickelte Bilddatei können Sie in verschiedene Dateiformate speichern. Welches Dateiformat Sie wählen, hängt von der weiteren Verwendung der Datei ab.

In Photoshop speichern
Die Bilddatei speichern Sie wie gewohnt unter Menü *Datei > Speichern unter...*
- *PSD, Photoshop Document*
  In PSD speichern Sie die Datei während der Bearbeitung ab. Alle Ebenen, Einstellungen und Filter werden mit abgespeichert. Die automatische Komprimierung ist verlustfrei.

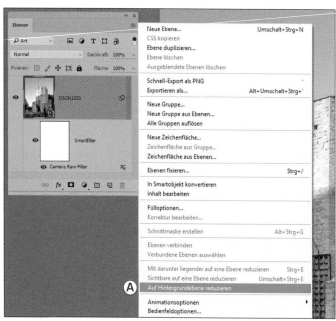

Auf Hintergrundebene reduzieren

Vor dem Speichern in TIFF, PNG oder JPEG

- *TIFF, Tagged Image File Format*
  Das TIF-Format ist die erste Wahl bei der Weiterverarbeitung der Datei in der Druckvorstufe. RAW-Dateien werden bei der Speicherung auto-

matisch auf 24 Bit Farbtiefe reduziert. Reduzieren Sie die Bilddatei auf die Hintergrundebene **A**. Speichern Sie für die Weiterverarbeitung in der Druckvorstufe ohne Komprimierung.
- *PNG, Portable Network Graphics*
  Im PNG-Format können Sie die Bilddatei als PNG-24 oder als PNG-8 für die Verwendung in Digitalmedien speichern. RAW-Dateien werden bei der Speicherung automatisch auf 24 Bit Farbtiefe (PNG-24) oder auf 8 Bit Farbtiefe (PNG-8) reduziert. Reduzieren Sie die Bilddatei auf die Hintergrundebene **A**.
- *JPEG, Joint Photographic Experts Group*
  JPEG ist wie PNG-24 ein Dateiformat zur Speicherung von Bilder vor allem für die Verwendung in Digitalmedien. Reduzieren Sie die Bilddatei auf die Hintergrundebene **A**. Die Komprimierung ist verlustbehaftet.

In Bridge speichern
In Bridge speichern Sie die Bilddatei direkt aus Camera Raw heraus.

Making of ...

1 Klicken Sie auf *Bild speichern...* **B**.

2 Legen Sie Speicheroptionen fest:
- Speicherort
- Dateiname
- Dateiformat
- Farbraum (Farbprofil)
- Bildgröße
- Ausgabeschärfe für Monitor, mattes Papier oder Glossy-Papier
Die beiden letzten Optionen sind standardmäßig deaktiviert.

3 Bestätigen Sie mit *Speichern* **C**.

Speicheroptionen

75

4.3 Retusche und Composing

4.3.1 Bildelement entfernen

Retusche bedeutet meist, unerwünschte Bildbereiche zu entfernen. Dazu stehen Ihnen in den einzelnen Bildverarbeitungsprogrammen verschiedene Werkzeuge zur Verfügung. In Photoshop sind dies neben den verschiedenen Malwerkzeugen insbesondere der Kopierstempel, der Reparaturpinsel, der Bereichsreparaturpinsel und das Ausbessern-Werkzeug.

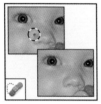

Mit dem **Bereichsreparatur-Pinsel** können Sie fehlerhafte Stellen und Objekte entfernen.

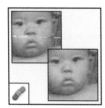

Mit dem **Reparatur-Pinsel** beseitigen Sie Bild-Defekte, indem Sie mit aufgenommenen Pixeln bzw. Pixelbereichen oder Mustern diese übermalen.

Mit dem **Ausbessern-Werkzeug** korrigieren Sie mit aufgenommenen Bereichen oder Mustern kleine Fehler in einem Bereich des Bildes.

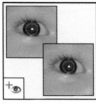

Mit dem **Rote-Augen-Werkzeug** können Sie die durch ein Blitzlicht verursachten roten Reflexionen entfernen.

Mit dem **Abwedler-Werkzeug** hellen Sie Bereiche in einem Bild auf.

Mit dem **Kopierstempel-Werkzeug** malen Sie mit aufgenommenen Bildbereichen.

Mit dem **Musterstempel-Werkzeug** malen Sie mit einem Bildbereich als Muster.

Mit dem **Radiergummi-Werkzeug** löschen Sie Pixel und stellen einen zuvor gespeicherten Status in Bildbereichen wieder her.

Mit dem **Hintergrund-Radiergummi-Werkzeug** versehen Sie durch Ziehen Bereiche mit Transparenz.

Mit dem **Nachbelichter-Werkzeug** verdunkeln Sie Bereiche in einem Bild.

Mit dem **Magischen Radiergummi-Werkzeug** löschen Sie einfarbige Bereiche mit nur einem Mausklick, indem Sie die Bereiche mit Transparenz versehen.

Mit dem **Weichzeichner-Werkzeug** zeichnen Sie harte Kanten in einem Bild weich.

Mit dem **Scharfzeichner-Werkzeug** zeichnen Sie weiche Kanten in einem Bild scharf.

Mit dem **Wischfinger-Werkzeug** verwischen Sie Pixel in einem Bild.

Mit dem **Schwamm-Werkzeug** ändern Sie die Farbsättigung eines Bereichs.

Übersicht der Retuschewerkzeuge in Photoshop

Making of ...

Die Hausnummer **A** soll entfernt werden. Wir arbeiten mit dem Kopierstempel, einem Standardretuschewerkzeug in sehr vielen Bildverarbeitungsprogrammen. Natürlich können Sie auch mit einem anderen Retuschewerkzeug wie z.B. dem Reparaturpinsel die Änderungsretusche durchführen.

1 Duplizieren Sie die Hintergrundebene. Ziehen Sie dazu im Ebenen-Fenster die Hintergrundebene **B** auf das Icon *Neue Ebene* erstellen **C**.

2 Wählen Sie in der Werkzeugleiste das *Kopierstempel-Werkzeug* **D**.

3 Stellen Sie die Werkzeugspitze ein. Die Einstellungsfelder öffnen Sie durch Klick auf die Icons in der Werkzeugleiste **E**.

4 Klicken Sie mit gedrückter Wahltaste auf die zu kopierende Bildstelle.

5 Gehen Sie mit dem Werkzeugcursor auf die zu retuschierende Bildstelle und kopieren Sie mit gedrückter Maustaste den angewählten Bildbereich.

6 Vermeiden Sie die Kopie erkennbar doppelter Strukturen. Setzen Sie das Werkzeug deshalb immer mehrmals an.

7 Reduzieren Sie die Bilddatei auf die Hintergrundebene im Kontextmenü des Ebenen-Fensters **F** mit *Auf Hintergrundebene reduzieren.*

8 Speichern Sie die Datei im Zieldateiformat.

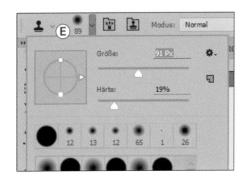

4.3.2 Bildbereich inhaltsbasiert ergänzen

Bildproportionen verändern

Das Seitenverhältnis des Bildrahmens im Layout entspricht nicht dem Seitenverhältnis der Bilddatei **A**. Das Motiv darf nicht beschnitten werden.

Making of …

1 Vergrößern Sie die Arbeitsfläche mit Menü *Bild > Arbeitsfläche…* auf das neue Bildformat **B**. In unserem Beispiel bleibt die Breite erhalten, nur die Höhe wird vergrößert. Legen Sie den Referenzpunkt **C** fest. Geben Sie die Hintergrundfarbe **D** ein.

2 Wählen Sie den neuen Bildbereich mit dem *Auswahlrechteck-Werkzeug* aus.

3 Füllen Sie die Fläche mit Menü *Bearbeiten > Fläche füllen…* oder im Kontextmenü (rechte Maustaste) des Auswahlbereichs mit *Fläche füllen…*

4 Wählen Sie im Kontextmenü (rechte Maustaste) des Auswahlbereichs *Inhaltsbasiert* **E**.

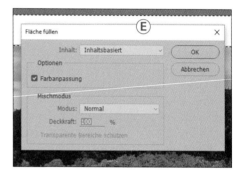

5 Retuschieren Sie die ergänzte Fläche, um den visuellen Eindruck zu verbessern und sich wiederholende Strukturen zu beseitigen.

Bildbereich ergänzen
Links: unbearbeitet
Rechts: bearbeitet

Bild drehen

Der Horizont **A** soll gerade ausgerichtet werden. Das Motiv darf nicht beschnitten werden.

Making of …

1. Wählen Sie das *Freistellen-Werkzeug* **B**. Es wird automatisch das ganze Bild ausgewählt. Verändern Sie den Rahmen nur, wenn Sie einen anderen Bildausschnitt wählen möchten.

2. Definieren Sie den Horizont. Klicken Sie dazu auf das *Ausrichten-Werk-*

zeug **C** in der oberen Werkzeugleiste. Ziehen Sie mit gedrückter Maustaste entlang dem Horizont. Lassen Sie die Maustaste los, das Bild wird automatisch ausgerichtet.

3. Bestätigen Sie das Ausrichten mit einem Doppelklick in den Auswahlrahmen **E**. Die durch die Drehung fehlenden Bildbereiche **D** werden automatisch inhaltsbasiert ergänzt.

4. Kontrollieren Sie visuell das Ergebnis. Optimieren Sie die Qualität durch Retusche.

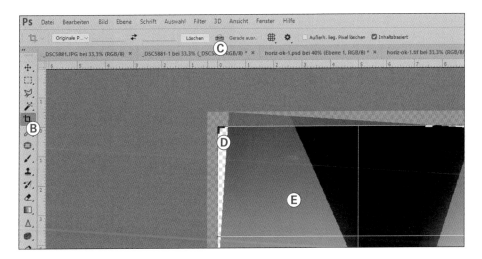

Horizont ausrichten
Links: unbearbeitet
Rechts: bearbeitet

4.3.3 Perspektive korrigieren

Vor allem bei Architekturaufnahmen erscheint das Motiv durch die Aufnahmeperspektive häufig auf der Fotografie verzerrt. Die stürzenden Senkrechten, d. h. die Verzeichnung der Perspektive von in der Realität parallelen Kanten, lassen sich in allen Bildverarbeitungsprogrammen auf einfache Weise wieder senkrecht stellen.

Making of ...

1 Zur Orientierung blenden Sie das Raster ein mit Menü *Ansicht > Anzeigen > Raster*. In den Programmvoreinstellungen können Sie zuvor die Schrittweite und Linienfarbe einstellen.

2 Wählen Sie mit dem *Rechteckauswahl-Werkzeug* das ganze Bildformat aus.

3 Transformieren Sie das Bild mit Menü *Bearbeiten > Transformieren > Verzerren*.

4 Schließen Sie die Transformation mit Doppelklick im Bild ab.

Senkrechte ausrichten

Links: unbearbeitet
Rechts: bearbeitet

80

4.3.4 Farben verändern

In der Bildverarbeitung spielt die Farbkorrektur eine besondere Rolle. Bei den Basiskorrekturen und der RAW-Entwicklung haben wir den Weißabgleich bzw. die Farbbalance bearbeitet. Hier geht es jetzt darum, nicht das ganze Bild in seiner Farbigkeit zu verändern, sondern nur bestimmte Bildbereiche. Die Auswahl der Bildbereiche können Sie durch die Auswahl von Farbtönen oder durch eine geometrische Auswahl treffen.

Farbbereiche im Bild auswählen und bearbeiten
Die beiden Autos sollen entsprechend den folgenden Farbmustern umgefärbt werden:

Vorher   Nachher

Vorher   Nachher

Die Farbmuster dienen nur der visuellen Abstimmung der Autofarben ohne die Definition bestimmter Farbwerte einer Bildstelle.

Making of ...

1 Erstellen Sie im Ebenen-Fenster eine neue Einstellungsebene **A** *Farbton/ Sättigung...* **B**.

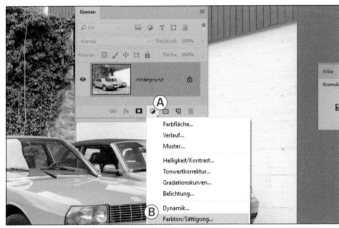

2 Wählen Sie im Eigenschaften-Fenster den Farbbereich *Grüntöne* **C**.

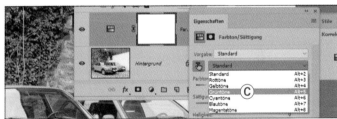

Umfärben
Links: unbearbeitet
Rechts: bearbeitet

3 Ziehen Sie den Farbtonregler **D** in den Zielfarbbereich.

Bildbereiche maskieren und bearbeiten
Der farbige Bildhintergrund soll in Graustufen konvertiert werden. Der rote Mohn bleibt und wird damit in seiner visuellen Wirkung deutlich gesteigert.

Making of ...

1 Duplizieren Sie die Hintergrund-ebene. Ziehen Sie dazu im Ebenen-Fenster die *Hintergrundebene* **E** auf das Icon *Neue Ebene erstellen* **F**.

2 Konvertieren Sie die kopierte Ebene mit dem Camera Raw-Filter in Grau-stufen **H** (Siehe auch RAW-Entwick-lung auf Seite 61).

4 Wählen Sie im Eigenschaften-Fenster den Farbbereich *Blautöne*.

5 Ziehen Sie den Farbtonregler **D** in den Zielfarbbereich.

6 Schließen Sie die Umfärbung ab. Gehen Sie dazu im Kontextmenü des Ebenen-Fensters *Auf Hintergrund-ebene reduzieren*. Die Einstellungen der Einstellungsebene werden damit in die Bilddatei eingerechnet.

Ebene maskieren
Links: unbearbeitet
Rechts: bearbeitet

3 Erstellen Sie eine Ebenenmaske durch Klicken auf das Icon *Ebenenmaske hinzufügen* I.

4 Maskieren Sie den roten Mohn mit dem Pinsel im Bild. Mit Schwarz markieren Sie Flächen, die farbig werden sollen. Mit Weiß reduzieren Sie die farbige Fläche.

5 Schließen Sie die Bearbeitung ab. Gehen Sie dazu im Kontextmenü des Ebenen-Fensters *Auf Hintergrundebene reduzieren*.

4.3.5 Bild freistellen

Freistellen bedeutet, einen Bildbereich auszuwählen und die übrigen Bildbereiche zu entfernen. Anwendungen sind z. B. die figürliche Freistellung von Gegenständen für Kataloge oder Online-Shops oder das Composing bzw. die Bildmontage.

Es gibt verschiedene Methoden zur Freistellung. Bei der pixelorientierten Freistellung folgt die Auswahl dem Verlauf der Pixel im Bild. Die Auswahl erfolgt mit den Freistellungswerkzeugen wie Lasso und Zauberstab oder über die Maskierung von Farb- oder Tonwertbereichen. Die zweite Methode ist vektororientiert. Der Freistellungspfad wird unabhängig von den Pixeln über das Bild gelegt. Erst beim Rastern bzw. Rendern wird der Verlauf des Pfades auf die jeweils naheliegendste Pixelkante gerechnet.

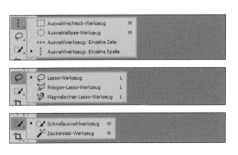

Freigestelltes Motiv
Positionierung der Bilddatei mit Freistellungspfad im Layoutprogramm.
Der rote Hintergrund ist die Flächenfarbe des Bildrahmen.

Mit Freistellungswerkzeugen freistellen
Wie jedes Bildbearbeitungsprogramm hat auch Photoshop mehrere pixelorientierte Auswahlwerkzeuge. Sie können die Werkzeuge bei der Erstellung der Auswahl kombinieren.

Pixelorientierte Auswahlwerkzeuge in Photoshop

Making of …

1 Wählen Sie das *Schnellauswahl-werkzeug* **A**.

2 Stellen Sie in der Einstellungsleiste die Größe der Werkzeugspitze ein **B**.

3 Klicken Sie auf *Auswählen und maskieren…* **C**.

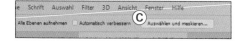

4 Im Einstellungsfenster **D** auf der rechten Seite machen Sie die Fein-einstellungen.

5 Wählen Sie mit gedrückter Maus-taste den Bildbereich aus. Halten

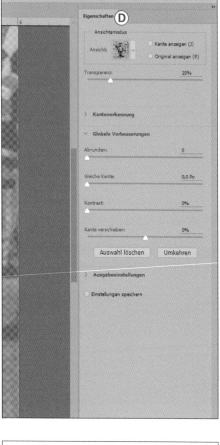

Figürlich freistellen
Links: unbearbeitet
Rechts: freigestellt

Sie die *Plus*-Taste bei der Arbeit gedrückt, um den Auswahlbereich zu vergrößern. Mit gedrückter *Alt*-Taste verkleinern Sie den Auswahlbereich.

6 Wählen Sie im Kontextmenü des Einstellungsfensters *Neue Ebene mit Ebenenmaske* **E**.

7 Beenden Sie die Auswahl mit *OK* **F**.

8 Führen Sie in der Maske die Feinkorrekturen mit einem Malwerkzeug, z. B. dem Pinsel, durch. Mit Schwarz vergrößern Sie die maskierte Fläche. Mit Weiß reduzieren Sie die maskierte Fläche.

9 Aktivieren Sie den Maskiermodus mit Menü *Auswahl > Im Maskiermodus bearbeiten*. Die rote Maskenfarbe ist für unser Motiv sehr ungünstig. Mit einem Doppelklick auf die Maske im Kanalfenster **G** öffnen Sie die Optionen **H**. Ein weiterer Klick auf das farbige Quadrat **I** öffnet den Farbwähler **J**. Wählen Sie eine Farbe, die gut zu den Motivfarben kontrastiert.

10 Erstellen Sie die Auswahl mit *Kanal für Auswahl laden* **K**.

11 Kehren Sie die Auswahl mit Menü *Auswahl > Auswahl umkehren* um.

12 Löschen Sie den ausgewählten Hintergrund mit der *Entfernen-Taste*.

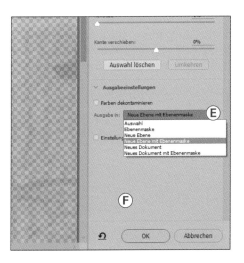

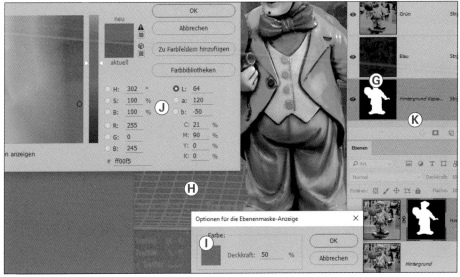

Mit Bereichsauswahl freistellen

Eine schnelle und präzise zu regulierende Art der Freistellung bietet Photoshop mit der Bereichsauswahl **A**.

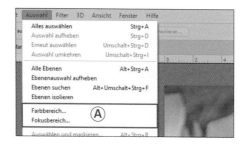

Farbbereich…

Zur Auswahl über Farbbereiche können Sie mit der Pipette **B** die Auswahlfarbe im Bild anklicken oder im Menü *Auswahl* **C** des Farbbereich-Fensters einen Bereich auswählen.

Fokusbereich…

Die Option *Fokusbereich…* orientiert sich bei der Auswahl der Bildbereiche an der Bildschärfe. Mit dem Parameter *In-Fokus-Bereich* **D** regeln Sie den erfassten Schärfebereich und damit die Größe des Auswahlbereichs.

Mit den beiden Pinselwerkzeugen **E** erweitern oder reduzieren Sie die Auswahl.

Den Button *Auswählen und maskieren…* **F** kennen Sie schon vom Schnellauswahlwerkzeug. Die Funktionen sind bei der Option *Fokusbereich…* dieselben wie beim *Schnellauswahlwerkzeug*.

Auswahl über Fokusbereich…

Auswahl über Farbbereich…

Beschneidungspfad

Die Freistellung mit Pfaden unterscheidet sich grundsätzlich von der pixelorientierten Freistellung.

Pfade setzen sich nicht aus einzelnen voneinander unabhängigen Pixeln zusammen, sondern beschreiben eine Linie oder eine Fläche als Objekt. Die Form und Größe des Objekts werden durch mathematische Werte definiert.

Die Arbeit mit Pfaden in Photoshop ist vergleichbar mit der Erstellung und Bearbeitung von Pfaden in Grafikprogrammen wie z. B. Illustrator.

Der Beschneidungspfad ist eine besondere Form eines Vektorobjekts. Dabei dient der Pfad zur freien oder rechtwinkligen Freistellung eines Bildmotivs. Bei der Positionierung im Layoutprogramm und bei der Belichtung werden alle Bildbereiche außerhalb des Pfades ausgeblendet.

Der Beschneidungspfad wird im TIF- und im EPS-Format beim Speichern in Photoshop automatisch mitgespeichert.

Photoshop hat mehrere Werkzeuge zur Pfaderstellung und -bearbeitung.

Zur Auswahl des gesamten Pfades nutzen Sie das *Pfadauswahl-Werkzeug* **A**, zur Auswahl von Ankerpunkten und Pfadsegmenten das *Direktauswahl-Werkzeug* **B**.

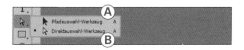

Making of ...

Das Brauereischild soll mit einem Beschneidungspfad elliptisch freigestellt werden.

Mit Beschneidungspfad freigestellt
Links: unbearbeitet
Rechts: freigestellt

87

1 Ziehen Sie Hilfslinien an den oberen und den linken Rand der Ellipse.

2 Wählen Sie aus der Werkzeugleiste das *Ellipse-Werkzeug* **A**.

3 Setzen Sie den Cursor auf den Schnittpunkt **B** der beiden Hilfslinien und ziehen Sie die Ellipse auf.

4 Korrigieren Sie den Pfadverlauf. Mit dem *Direktauswahl-Werkzeug* können Sie Ankerpunkte auswählen und verschieben. Mit den Griffpunkten korrigieren Sie die Rundung.

5 Setzen Sie die Fläche und die Kontur der Ellipse im Eigenschaften-Fenster auf *Transparent* **C**.

6 Kopieren Sie im Pfad-Fenster den Formpfad **D**, indem Sie den Pfad auf das Icon *Neuer Pfad erstellen* **E** ziehen.

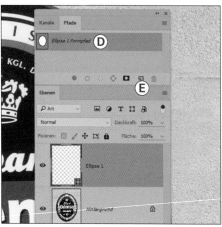

7 Wählen Sie die Pfadkopie **F** im Pfade-Fenster aus. Erstellen Sie aus der Kopie im Kontextmenü **G** des Pfade-Fensters den Beschneidungspfad.

8 Stellen Sie die Kurvennäherung **H** ein. Adobe empfiehlt 4 bis 6 Geräte-pixel.

9 Speichern Sie die Datei als TIFF oder EPS.

4.3.6 Bilder montieren – Composing

Composing ist die Bildmontage zweier oder mehrerer Bilder zu einem neuen Bild. Dabei werden gegensätzliche Intentionen verfolgt:

- Der Betrachter soll/darf merken, dass das neue Bild so nie real war. Es muss insgesamt nur stimmig erscheinen.
- Der Betrachter soll/darf nicht merken, dass das neue Bild eine Fotomontage ist. Es muss im Charakter und Aufbau absolut real und harmonisch sein.

Diese Bildparameter müssen Sie beachten:
- Schärfe
- Farbcharakter
- Licht und Schatten
- Perspektive
- Größenverhältnisse
- Proportionen

Bei der Kopie von Bildbereichen aus einer Bilddatei in eine andere Bilddatei gelten immer die Einstellungen von Auflösung und Farbmodus der Zieldatei.

Making of ...

Blick von der Burg Reußenstein auf der Schwäbischen Alb bis zur Küste von Gotland.

1 Stellen Sie die Burg mit Felsen frei.

2 Vergrößern Sie die Arbeitsfläche der zweiten Bilddatei.

3 Ziehen Sie mit dem *Bewegen-Werkzeug* die Burg auf das Bildfenster der zweiten Datei.

4 Positionieren Sie die Ebene.

5 Ergänzen Sie die fehlenden Bildteile mit den Retuschewerkzeugen.

6 Machen Sie letzte Ton- und Farbwertkorrekturen und Retuschen.

7 Reduzieren Sie die Ebenen auf die Hintergrundebene.

Composing
Links: Ausgangsbilder
Rechts: Composing

4.4 Bildgröße und Auflösung

In der Digitalfotografie werden bei der Aufnahme die Parameter der Bildgröße festgelegt:
- Geometrisches Format
- Auflösung
- Farbmodus
- Dateigröße

Die Neuberechnung eines Bildes ist in allen Bildverarbeitungsprogrammen möglich. In Photoshop z. B. mit Menü *Bild > Bildgröße...* Die Qualität der Bildgrößenneuberechnung ist von mehreren Faktoren abhängig. Grundsätzlich gilt aber, dass nachträgliche Bildgrößenänderungen meist zur Verschlechterung der Bildqualität führen.

Interpolationsmethode

Die Interpolationsmethode stellen Sie unter *Neu berechnen* **A** im Bildgröße-Fenster ein. Damit wird bestimmt, wie den neuen Pixeln auf Basis der im Bild vorhandenen Pixel Ton- und Farbwerte zugeordnet werden. Bei indizierten Bildern, z. B. GIF, wählen Sie *Pixelwiederholung*, da hier keine neuen Farben eingerechnet werden sollen. Bei Bilddateien in anderen Farbmodi, CMYK für den Druck oder RGB für Digitalmedi-

en, führen die Interpolationsmethoden *Bilinear* oder *Bikubisch* zu besseren Ergebnissen. Die Einberechnung neuer Farben ergibt weichere Übergänge und glattere Kanten.

Vergrößerung bei gleichbleibender Auflösung

Durch die Vergrößerung werden, bei konstanter Auflösung **B**, zusätzliche Pixel eingefügt. Das Bild wird unscharf, weil die zusätzlich eingefügten Pixel als Ton- bzw. Farbwerte Mittelwerte der benachbarten vorhandenen Pixel zugewiesen bekommen. Nach der Neuberechnung müssen Sie deshalb das Bild scharfzeichnen.

Vergrößerung bei gleichbleibender Pixelzahl

Wenn die Anzahl der Pixel bei der Vergrößerung gleich bleibt, sinkt die Auflösung des Bildes. Dies kann zu einer „Verpixelung" führen, d. h., die Pixel bilden sich auf dem Bildschirm oder im Druck ab. Wenn zu wenig Pixel zur Verfügung stehen, dann wird die Information von einem Pixel mehreren Rasterelementen zugeordnet. Das Pixel wird dadurch im Druck sichtbar.

Verkleinerung

Die Verkleinerung führt zum Verlust von Pixeln und somit zum Verlust von Bilddetails.

Auf dem Monitor werden Bildpixel direkt in Monitorpixel umgewandelt. Deshalb erscheint das Bild bei höherer Bildauflösung auf dem Monitor größer. Dies hat aber keinen Einfluss auf die Bildgröße im Druck.

Bei der Größenänderung von Screenshots ist es wichtig, dass Sie die Zahl der Pixel beibehalten. Nur so kann die Pixelmatrix des Monitors auch im Druck wiedergegeben werden.

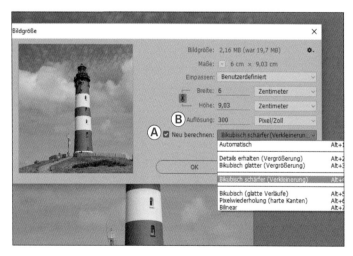

Panoramabilder setzen sich aus mehreren Einzelbildern zusammen. Die Bandbreite der Anwendung von Panoramabildern reicht von der Erstellung von Abbildungen einzelner Objekte, z. B. Häuser, bei denen der Kamerastandort bzw. die Aufnahmesituation eine komplette Abbildung nicht erlaubt, bis hin zu 360°-Panoramen zur Visualisierung von Räumen.

Die Herstellung von Panoramabildern war früher nur mit sehr hohem zeitlichem Aufwand und speziellem Fachwissen als Composing möglich. Heute sind Panoramabilder mit verschiedenen Programmen auf einfache Weise zu erstellen. In Photoshop finden Sie die Funktion unter Menü *Datei > Automatisieren > Photomerge...*

Aufnahme
Bei der Aufnahme der Einzelbilder für ein Panoramabild sollten Sie folgende Punkte beachten:
- Machen Sie alle Aufnahmen mit einer Brennweite.
- Verwenden Sie ein Stativ.
- Verändern Sie nicht den Kamerastandort.
- Bleiben Sie bei einer Belichtungseinstellung.
- Achten Sie auf die Überlappung der Einzelbilder. Im Photoshop-Handbuch wird eine Überlappung zwischen 40 % und 70 % empfohlen.

Making of ...

Aus fünf Aufnahmen des Hafenbeckens soll ein Panoramabild erstellt werden.

1 Öffnen Sie die Bilder mit Menü *Datei > Automatisieren > Photomerge....*

2 Wählen Sie die geeignete Layout-Option. Meist müssen Sie die

Bilderserie für ein Panoramabild

Berechnung mit den verschiedenen Optionen durchführen, um die optimale Einstellung zu finden. Wir bleiben in unserem Beispiel bei der Standardeinstellung *Auto* **A**. Die Quelldateien werden nach dem Dateinamen automatisch sortiert **B**. Dies entspricht auch der Reihenfolge bei der Panoramaberechnung.

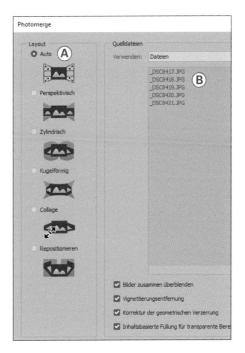

Photomerge-Fenster in Photoshop

Einstelloptionen zur automatisierten Panoramabilderstellung

3 Photoshop hat die fünf Bilder zu einem Panoramabild verrechnet. Die im Maskiermodus rot markierten Flächen sind entsprechend unserer Wahl (Abb. links) im Photomerge-Fenster inhaltsbasiert ergänzt worden. Im Himmel hat das sehr gut geklappt, andere Bereiche müssen Sie noch in der Retusche bearbeiten **A**. Reduzieren Sie dazu die Ebenen auf die Hintergrundebene.

4 Optimieren Sie das Bild durch Retusche sowie Ton- und Farbwertkorrekturen.

Photomerge in Photoshop

Inhaltsbasierte Füllungen für transparente Bereiche bedürfen hier noch der manuellen Retusche.

4.6 HDR – High Dynamic Range

HDR-Bilder umfassen einen höheren Dynamik- bzw. Dichteumfang, High Dynamic Range, als herkömmliche Fotografien. Dies wird dadurch erzielt, dass eine Belichtungsreihe von einem Motiv erstellt wird. Vom Low-Key-Bild mit guter Tiefenzeichnung bis hin zum High-Key-Bild mit durchgezeichneten Lichtern.

High Key
Histogramm mit Tonwertverteilung

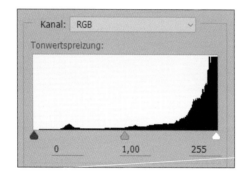

Low Key
Histogramm mit Tonwertverteilung

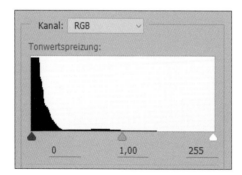

Fotosoftware auf Smartphones und Tablets berechnet das HDR-Bild ohne die Möglichkeit, die Belichtung zu beeinflussen. Erst die berechnete Aufnahme können Sie auf dem Smartphone oder Tablet direkt bearbeiten oder zur weiteren Bearbeitung auf einen Computer laden.

In Photoshop oder anderen professionellen Bildverarbeitungsprogrammen wird die Belichtungsreihe, die Sie mit Ihrer Kamera erstellt haben, zu einem neuen HDR-Bild verrechnet. Sie haben dabei vielfältige Möglichkeiten der Bildsteuerung vor der endgültigen Berechnung des HDR-Bildes.

In Photoshop finden Sie die Funktion unter Menü *Datei > Automatisieren > Zu HDR Pro zusammenfügen...*

Aufnahme
Bei der Aufnahme der Einzelbilder für ein HDR-Bild sollten Sie folgende Punkte beachten:
- Machen Sie alle Aufnahmen mit einer Brennweite.
- Verwenden Sie ein Stativ.
- Verändern Sie nicht den Kamerastandort.
- Variieren Sie die Belichtungszeit.
- Behalten Sie die eingestellte Blende bei, da Sie sonst die Schärfentiefe verändern.
- Halten Sie die Beleuchtung möglichst konstant.
- Achten Sie auf genügend Einzelbilder. Im Photoshop-Handbuch werden wenigstens 5 bis 7 Aufnahmen empfohlen.

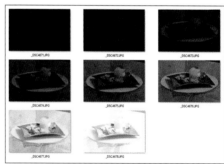

Belichtungsreihe für ein HDR-Bild

94

Making of ...

Zusammenfügen der Aufnahmen der Belichtungsreihe zu einem HDR-Bild.

1 Laden Sie die Bilder unter Menü
Datei > Automatisieren > Zu HDR Pro zusammenfügen... mit *Durchsuchen*
A aus dem Dateisystem Ihres Computers. Die Option *Quellbilder nach Möglichkeit automatisch ausrichten*
B gleicht beim Zusammenrechnen der Bilder kleinere Abweichungen in der Kameraposition aus.

1

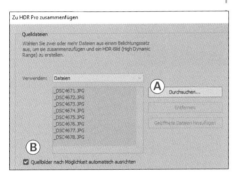

HDR-Bild

aus acht Einzelaufnahmen einer Belichtungsreihe

2 Optimieren Sie die visuelle Darstellung im *Zu HDR Pro zusammenführen-Fenster* **C**.

3 Starten Sie die Berechnung mit *OK* **D**.

Zu HDR Pro zusammenführen...

4.7 Bildbearbeitung auf Smartphone und Tablet

Sie fotografieren mit einem Smartphone oder Tablet, dann können Sie die Bilder direkt auf Ihrem mobilen Gerät bearbeiten. Die Fotosoftware in iOS oder Android bietet sich dazu neben einer Vielzahl von Apps für beide Betriebssysteme an. Wir nutzen in unserem Beispiel die kostenlose App *Snapseed* von Google. Laden Sie die App aus dem AppStore oder Google-Play auf ihr Gerät und installieren Sie die App.

Making of ...

1 Öffnen Sie das Foto oder machen Sie eine Aufnahme mit der Kamera.

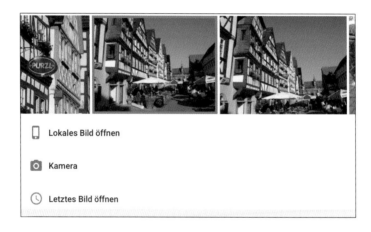

2 Tippen Sie auf das Icon *Bearbeiten* **A**.

3 Wählen Sie aus der Übersicht eine
Bearbeiten-Option aus.

Arbeitsweise
- Wählen Sie die Bearbeiten-Option
  durch Tippen aus.
- Wählen Sie durch vertikales Wischen
  den Abstimmungsparameter aus.
- Mit horizontalem Wischen verändern
  Sie den Einstellungswert.
- Tippen auf den Zauberstab **A** erlaubt
  die automatische Anpassung des
  jeweiligen Parameters.
- Tippen auf das Icon **B** zeigt das Bild
  vor und nach der Bearbeitung.
- Die Tonwertverteilung im Bild kontrollieren Sie visuell mit dem Histogramm **C**.

4 Bestätigen Sie die Bearbeitung mit
Tippen auf das Icon **D**.

5 Tippen Sie auf das Icon *Bearbeiten,*
um die Bearbeitung mit anderen
Bearbeiten-Optionen fortzusetzen.

6 Schließen Sie die Bearbeitung durch
Tippen auf *Speichern* **E** ab. Wählen
Sie zwischen drei Speicheroptionen:
- *Speichern*, das Ausgangsbild wird
  überschrieben
- *Kopie Speichern*
- *Exportieren*

4.8 Aufgaben

1 Retuschewerkzeuge einsetzen

Für welche Retuschearbeiten sind die
folgenden Werkzeuge geeignet?
a. Kopierstempel
b. Reparaturpinsel
c. Bereichsreparaturpinsel
d. Ausbessern-Werkzeug

a.

b.

c.

d.

2 Composing durchführen

Welche Bildparameter müssen Sie beim
Composing beachten?

3 Bildgrößenänderung einstellen

Nennen Sie Bildparameter, die Sie bei
der Bildgrößenänderung in Photoshop
modifizieren können.

4 Scharf- und Weichzeichnen anwenden

Erklären Sie die prinzipielle Funktion
von:
a. Scharfzeichnen
b. Weichzeichnen

a.

b.

5 Histogramm kennen

Welche Bildeigenschaft wird durch ein
Histogramm visualisiert?

6 Bild durch Histogramm analysieren

Beschreiben Sie die Tonwertverteilung
und Bildcharakteristik des Bildes, zu
dem folgendes Histogramm gehört.

7 Beschneidungspfad erstellen

a. Was ist ein Beschneidungspfad?
b. Wie erstellt man einen Beschneidungspfad?

a.

b.

8 Beschneidungspfad abspeichern

In welchen Dateiformaten kann man
einen Beschneidungspfad abspeichern?

9 Farbtemperatur einordnen

Welche Eigenschaft einer Lichtquelle
wird mit der Farbtemperatur
beschrieben?

10 Weißabgleich kennen

Was versteht man unter Weißabgleich?

11 RAW kennen

Was bedeuten die drei Buchstaben
RAW?

12 RAW-Entwicklung beschreiben

Worin unterscheidet sich die RAW-Entwicklung von den klassischen Basiskorrekturen der Bildbearbeitung?

13 Umfärben beschreiben

Erläutern Sie eine Möglichkeit der Umfärbung in Photoshop.

14 HDR kennen

Was bedeutet die Abkürzung HDR?

5.1 Lösungen

5.1.1 Bildgestaltung

1 Bildausschnitt festlegen

Die Festlegung des Bildausschnitts ist eine bewusste gestalterische Entscheidung. Sie wird im Wesentlichen durch die gewünschte Bildaussage geleitet.

2 Aufnahmestandpunkt wählen

a. Der Aufnahmestandpunkt ist unterhalb des Aufnahmemotivs.
b. Durch die Perspektive wird die Höhe der Statue und ihre Erhabenheit betont.

3 Bildgestaltung erläutern

Das Hauptmotiv ist Mittelpunkt des Interesses und Blickfang für den Betrachter. Es sollte aber nicht in der Mitte des Bildes stehen. Zentriert ausgerichtete Motive wirken meist langweilig und spannungsarm. Ausgehend vom Format und Seitenverhältnis des Bildes gibt es deshalb verschiedene geometrische Richtlinien zum Bildaufbau. Diese Regeln sollen Hilfestellung geben und sind keine Gesetze.

4 Beleuchtung, Ausleuchtung erklären

a. Unter Beleuchtung versteht man alles Licht, das auf ein Aufnahmemotiv einstrahlt.
b. Ausleuchtung ist die speziell und gezielt eingesetzte Beleuchtung, um eine bestimmte Bildwirkung zu erreichen.

5 Beleuchtungsrichtungen kennen

a. Frontlicht
Frontlicht oder Vorderlicht strahlt in der Achse der Kamera auf das Motiv. Das frontal auftreffende Licht wirft keine Schatten, das Motiv wirkt dadurch flach.
b. Seitenlicht
Die Beleuchtung des Aufnahmeobjekts von der Seite ist die klassische Lichtrichtung. Der seitliche Lichteinfall bewirkt ausgeprägte Licht- und Schattenbereiche. Dadurch ergibt sich eine Verbesserung der Raumwirkung und Körperlichkeit des Aufnahmegegenstands.

6 Mit Bildebenen gestalten

a. Das untere Bild hat eine stärkere Raumwirkung.
b. Die Wirkung wird vor allem durch die Einbeziehung des Bildvordergrunds und die Linienführung erzielt.

7 Bild analysieren

- tosend
- kühl
- wild
- frisch

8 Bildausschnitt festlegen

Der Bildausschnitt im Seitenverhältnis 4:3 orientiert sich an der Drittel-Regel. Das Hauptmotiv am See wirkt dadurch bestimmend und auch harmonisch.

5.1.2 Bildtechnik

1 Auflösung und Farbtiefe erklären

a. Auflösung ist die Anzahl der Pixel pro Streckeneinheit.
b. Farbtiefe oder Datentiefe bezeichnet die Anzahl der Tonwerte pro Pixel.

2 Artefakte erkennen

Mit dem Begriff Artefakte werden die Bildfehler bezeichnet, die durch die verlustbehaftete Komprimierung im JPEG-Format entstehen.

3 Anzahl der Farben berechnen

Im RGB-Modus mit 24 Bit Farbtiefe (8 Bit x 3 Kanäle) kann jede der 256 Stufen eines Kanals mit jeder Stufe der anderen Kanäle kombiniert werden. Daraus ergeben sich 256 x 256 x 256 = 16.777.216 Farben.

4 Anzahl der Bits berechnen

8 Bit, da 2^8 = 256 Tonwerte

5 EXIF kennen

Zusätzlich zu den reinen Bilddaten sind im EXIF-Format noch Informationen über die Kamera, Kameraeinstellungen usw. gespeichert.

6 Dateiformate vergleichen

JPEG-Bilder sind im RGB-Modus. RAW-Bilder enthalten die reinen Sensorfarbdaten.
JPEG-Bilder sind verlustbehaftet, RAW-Bilder verlustfrei komprimiert.

7 JPEG kennen

JPEG ist die Abkürzung von Joint Photographic Experts Group. Das von dieser Organisation entwickelte Dateiformat und das damit verbundene Kompressionsverfahren wird von allen Digitalkameras unterstützt.

8 RAW kennen

RAW ist keine Abkürzung, sondern steht für roh und unbearbeitet (engl. raw = roh).

9 Geometrische Bildgröße berechnen

2560 Pixel / 240 Pixel/Zoll x 25,4 mm/ Zoll = 270,93 mm
1920 Pixel / 240 Pixel/Zoll x 25,4 mm/ Zoll = 203,2 mm
Bildbreite: 270,93 mm
Bildhöhe 203,2 mm

10 Farbenzahl berechnen

16 Bit, da 2^{16} = 65.536 Farben/Kanal

11 Einheiten zur Bezeichnung der Bildauflösung kennen

Pixel/Inch, ppi oder Pixel/Zentimeter, px/cm, ppcm

12 Qualitätsfaktor berechnen

a. Der Qualitätsfaktor ist QF = 2.
b. 70 L/cm x 2 px/L = 140 px/cm

13 Bildergröße festlegen

Jedes Bildpixel wird durch ein Monitorpixel dargestellt. Das Verhältnis ist deshalb 1 : 1.

14 Datentiefe, Farbtiefe erklären

Die Datentiefe oder Farbtiefe bezeichnet die Anzahl der Bits pro Pixel eines digitalen Bildes.

15 Farbmodus erläutern

Die Definition der Farben durch die Farbwerte, z. B. RGB oder CMYK.

16 RGB-Farbwerte erklären

Farben werden durch die Farbwerte in den drei Farbkanälen Rot, Grün und Blau definiert.

17 Bildgrößenänderung einstellen

Breite, Höhe, Auflösung und Berechnungsalgorithmus

18 Auflösung berechnen

60 L/cm x QF2 x 3 = 360 dpcm x 2,5 = 900 dpi

5.1.3 Farbmanagement

1 Monitor profilieren

- Der Monitor soll wenigstens eine halbe Stunde in Betrieb sein.
- Kontrast und Helligkeit müssen auf die Basiswerte eingestellt sein.
- Die Monitorwerte dürfen nach der Messung und anschließender Profilierung nicht mehr verändert werden.
- Bildschirmschoner und Energiesparmodus müssen deaktiviert sein.

2 Arbeitsfarbraum erklären

Der Arbeitsfarbraum ist der Farbraum, in dem die Bearbeitung von Bildern vorgenommen wird.

3 Kenngrößen eines Arbeitsfarbraums nennen

- Der Arbeitsfarbraum umfasst alle Prozessfarbräume.
- Der Arbeitsfarbraum ist nicht wesentlich größer als der größte Druckfarbraum, um möglichst wenig Farben zu verlieren.
- Die Farbwerte der Primärfarben sind definiert.
- Der Gammawert ist festgelegt.
- Der Weißpunkt entspricht der Norm von D50, 5000K.
- Der Arbeitsfarbraum ist geräte- und prozessunabhängig.
- Die Beziehung der Primärfarben ist linear, d. h., gleiche Farbwerte ergeben ein neutrales Grau.

4 Mittleres Grau mit Farbwerten festlegen

R = G = B = 127

5 Farbmanagement-Richtlinien erklären

Die Farbmanagement-Richtlinien bestimmen, wie das Programm, z. B. Photoshop, bei fehlerhaften, fehlenden oder von Ihrer Arbeitsfarbraumeinstellung abweichenden Profilen reagiert.

6 Konvertierungsoptionen kennen

a. Bei Modul legen Sie das CMM, Color Matching Modul, fest, mit dem das Gamut-Mapping durchgeführt wird.
b. Die Priorität bestimmt das Rendering Intent der Konvertierung.

7 Color-Management-System kennen

In einem CMS werden die einzelnen Systemkomponenten des Farbworkflows von der Bilddatenerfassung über die Farbverarbeitung bis hin zur Ausgabe in einem einheitlichen Standard erfasst, kontrolliert und abgestimmt.

8 ICC kennen

Das ICC, International Color Consortium, ist ein Zusammenschluss führender Soft- und Hardwarehersteller unter der Federführung der Fogra, das die allgemeinen Regelungen für das Color Management festgelegt hat.

9 Softproof nutzen

a. Ein Softproof simuliert die Darstellung eines zweiten Farbraums auf dem Monitor, z.B. CMYK bei einer RGB-Datei.
b. Die aktivierte Farbumfang-Warnung zeigt farblich markiert Farbbereiche an, die mit dem im Softproof eingestellten Farbraum nicht wiedergegeben werden.

10 Monitor kalibrieren

a. Farbbalance
b. Die Abstufungen sind farblich neutral in Grauabstufungen.

5.1.4 Bildbearbeitung

1 Retuschewerkzeuge einsetzen

a. Der Kopierstempel ist das klassische Werkzeug, um Bildstellen zu kopieren und parallel an eine andere Stelle zu übertragen.
b. Der Reparaturpinsel beseitigt Bilddefekte durch Übermalen mit aufgenommenen Pixeln.
c. Mit dem Bereichsreparaturpinsel erhält man bei der Retusche ebenfalls die Zeichnung und Helligkeit

des retuschierten Bildbereichs. Man muss aber, anders als bei Kopierstempel und Reparaturpinsel, vorher keine Aufnahmestelle definieren. Das Werkzeug übernimmt automatisch Pixel aus der Umgebung des Retuschebereichs und ersetzt damit die zu retuschierenden Pixel.
d. Mit dem Ausbessern-Werkzeug kann man größere Bildbereiche klonen. Bei der Korrekturberechnung werden, wie beim Reparaturpinsel, Zeichnung und Helligkeit des retuschierten Bereichs erhalten.

2 Composing durchführen

Grundsätzlich müssen bei jedem Composing folgende Bildparameter beachtet
werden:
- Schärfe
- Farbcharakter
- Licht und Schatten
- Perspektive
- Größenverhältnisse
- Proportionen

3 Bildgrößenänderung einstellen

- Breite und Höhe
- Auflösung
- Seitenverhältnis, Proportionen

4 Scharf- und Weichzeichnen anwenden

a. Scharfzeichnen:
   Der Kontrast benachbarter Pixel wird erhöht.
b. Weichzeichnen:
   Der Kontrast benachbarter Pixel wird verringert.

5 Histogramm kennen

Die statistische Verteilung der Tonwerte eines Bildes wird durch das Histogramm visualisiert.

6 Bild durch Histogramm analysieren

Das Bild hat keine Tiefen. Der Tonwertumfang geht nur von den Lichtern bis zu den Dreivierteltönen.

7 Beschneidungspfad erstellen

a. Der Beschneidungspfad ist eine besondere Form eines Vektorobjekts. Dabei dient der Pfad zur freien rechtwinkligen Freistellung eines Bildmotivs.
b. Bei der Positionierung im Layoutprogramm und bei der Belichtung werden alle Bildbereiche außerhalb des Pfades ausgeblendet.

8 Beschneidungspfad abspeichern

TIFF, EPS oder PSD

9 Farbtemperatur einordnen

Die Strahlungsverteilung des emittierten Lichts einer Lichtquelle wird mit der Farbtemperatur gekennzeichnet.

10 Weißabgleich kennen

Der Weißabgleich stellt die harmonische neutrale Balance der Bildfarben her.

11 RAW kennen

RAW ist keine Abkürzung, sondern steht für roh und unbearbeitet (engl. raw = roh).

12 RAW-Entwicklung beschreiben

Die RAW-Entwicklung ist ganzheitlich von der Ton- und Farbwertkorrektur über Bildschärfe bis hin zur Korrektur von Objektivfehlern. Es werden während des Entwicklungsprozesses lediglich die Einstellungswerte gespeichert, diese sind jederzeit bis zur finalen Berechnung korrigierbar. Die klassische Basiskorrektur ist modular aufgebaut und nur bei der Arbeit mit Einstellungsebenen temporär rückgängig zu machen.

13 Umfärben beschreiben

Mit der Korrekturoption Farbton/Sättigung… kann man Umfärbungen bezogen auf Farbbereiche durchführen. Farbton, Sättigung und Helligkeit können getrennt eingestellt werden.

14 HDR kennen

HDR steht für High Dynamic Range, HDR-Bilder umfassen einen höheren Dynamik- bzw. Dichteumfang als herkömmliche Fotografien. Dies wird dadurch erzielt, dass eine Belichtungsreihe von einem Motiv erstellt wird.

5.2 Links und Literatur

Links

Adobe
www.adobe.com/de

Adobe TV
tv.adobe.com/de/

Digitipps.ch - der Online-Fotokurs
www.digitipps.ch

Digitaler Fotokurs
www.digitaler-fotokurs.de

European Color Initiative (ECI)
www.eci.org/de

Fogra Forschungsgesellschaft Druck e.V.
www.fogra.org

GNU Image Manipulation Program (GIMP)
www.gimp.org

Literatur

Tom Ang
Digitale Fotografie und Bildbearbeitung: Das
Praxishandbuch,
Dorling Kindersley-Verlag 2013
ISBN 978-3831023264

Böhringer et al.
Kompendium der Mediengestaltung
Springer Vieweg Verlag, 2014
ISBN 978-3642548147

Joachim Böhringer, Peter Bühler, Patrick
Schlaich
Printmedien gestalten und digital produzieren:
mit Adobe CS oder OpenSource-Programmen
Europa-Lehrmittel Verlag 2013
ISBN 978-3808538081

Kaj Johansson und Peter Lundberg
Printproduktion Well done!
Schmidt Verlag 2008
ISBN 978-3874397315

Markus Wäger
Adobe Photoshop CC
Rheinwerk Design Verlag 2016
ISBN 978-3836242677

105

5.3   Abbildungen

S2, 1a, b, 2, 3: Autoren
S3, 1a, b, c, d: Autoren
S4, 1a, b: Autoren
S5, 1, 2, 3: Autoren
S6, 1a, b, 2a, b, c: Autoren
S7, 1a, b, 2a, b: Autoren
S8, 1a, b, 2a, b: Autoren
S9, 1, 2, 3: Autoren
S10, 1, 2: Autoren
S11, 1a, b, 2a, b: Autoren
S12, 1a, b, c, 2a, b, c, 3a, b, c: Autoren
S13, 1: Autoren
S14, 1: Autoren
S15, 1a, b, 2a, b: Autoren
S16, 1, 2, 3: Autoren
S17, 1a, b, 2: Autoren
S18, 1a, b, c, 2a, b, c: Autoren
S19, 1a: Autoren
S19, 1b: Apple
S19, 2a: Samsung
S20, 1, 2: Autoren
S21, 1a, b, 2a, b, 3: Autoren
S23, 1: Autoren
S24, 1a: exifviewer.herokuapp.com
S25, 1a, 2: Autoren
S26, 1: Autoren
S27, 1, 2: Autoren
S28, 1, 2: Autoren
S29, 1, 2a, b, c: Autoren
S30, 1: Autoren
S31, 1a, b, c, 2a, b, c, 3a, b, c: Autoren
S32, 1, 2: Autoren
S34, 1, 2: Autoren
S35, 1, 2a, b, c: Autoren
S38, 1, 2: Screenshot Microsoft, Autoren
S39, 1, 2: Screenshot Microsoft, Autoren
S40, 1, 2: Screenshot Microsoft, Autoren
S41, 1, 2: Screenshot Microsoft, Autoren
S42, 1a, b, 2: Autoren
S43, 1: Autoren
S45, 1, 2: Autoren
S46, 1: Screenshot Microsoft, Autoren
S48, 1, 2a, b: Autoren
S48, 1a, b, 2a, b, c: Autoren
S50, 1, 2: Autoren
S51, 1a, b, 2: Autoren

S52, 1a, b, c, 2a, b, c: Autoren
S53, 1a, b, c, 2a, b, c, 3a, b, c: Autoren
S54, 1, 2a, b: Autoren
S55, 1, 2a, b: Autoren
S56, 1a, b: Autoren
S57, 1a, b, 2: Autoren
S58, 1: Autoren
S59, 1, 2a, b: Autoren
S60, 1a, b, 2, 3a, b: Autoren
S61, 1a, b, 2: Autoren
S62, 1a, b, 2: Autoren
S63, 1, 2: Autoren
S64, 1, 2: Autoren
S65, 1: Autoren
S66, 1, 2: Autoren
S67, 1: Autoren
S68, 1, 2: Autoren
S69, 1: Autoren
S70, 1: Autoren
S71, 1, 2: Autoren
S72, 1, 2, 3: Autoren
S73, 1: Autoren
S74, 1: Autoren
S75, 1, 2: Autoren
S76, 1: Adobe
S77, 1, 2, 3, 4: Autoren
S78, 1a, b, 2a, b: Autoren
S79, 1, 2a, b: Autoren
S80, 1, 2a, b: Autoren
S81, 1, 2, 3a, b: Autoren
S82, 1a, b, 2, 3a, b: Autoren
S83, 1a: Autoren
S83, 1b: Nikon
S83, 2, 3: Autoren
S84, 1a, b, c, d, 2a, b: Autoren
S85, 1, 2: Autoren
S86, 1, 2a, b: Autoren
S87, 1, 2, 3a, b: Autoren
S88, 1a, b, 2a, b, 3: Autoren
S89, 1, 2a, b: Autoren
S90, 1: Autoren
S91, 1, 2: Autoren
S92, 1, 2: Autoren
S93, 1, 2: Autoren
S94, 1, 2a, b: Autoren
S95, 1, 2, 3: Autoren

S96, 1, 2: Autoren
S97, 1, 2, 3: Autoren
S98, 1: Autoren
S100, 1: Autoren

5.4 Index